MANUAL DE ESTRUTURAÇÃO DE CONCESSÕES E PARCERIAS PÚBLICO-PRIVADAS

Dados Internacionais de Catalogação na Publicação (CIP)

C873m   Cova, Carlos José Guimarães.
         Manual de estruturação de concessões e parcerias público-privadas / Carlos José Guimarães Cova. – São Paulo, SP : Cengage Learning, 2017.
         184 p. : il. ; 23 cm.

         Inclui referências bibliográficas.
         ISBN 978-85-221-2778-8

         1. Concessões administrativas - Estruturação - Manuais, guias, etc. 2. Infraestrutura (Economia). 3. Parceria público-privada. 4. Finanças. I. Título.

                                      CDU 334.7
                                      CDD 338.73

Índice para catálogo sistemático:

1. Concessões administrativas: Manuais, guias, etc.   334.7
(Bibliotecária responsável: Sabrina Leal Araujo – CRB 10/1507)

MANUAL DE ESTRUTURAÇÃO DE CONCESSÕES E PARCERIAS PÚBLICO-PRIVADAS

Carlos José Guimarães Cova

Austrália • Brasil • México • Cingapura • Reino Unido • Estados Unidos

MANUAL DE ESTRUTURAÇÃO DE CONCESSÕES E PARCERIAS PÚBLICO-PRIVADAS

Carlos José Guimarães Cova

Gerente editorial: Noelma Brocanelli

Editora de desenvolvimento: Salete Del Guerra

Supervisora de produção gráfica: Fabiana Alencar Albuquerque

Editora de aquisições: Guacira Simonelli

Especialista em direitos autorais: Jenis Oh

Revisão: Arlete Sousa, Fernanda Marão e Marileide Gomes

Diagramação: Triall Editorial Ltda.

Capa: Alberto Mateus

Imagens de aberturas das páginas iniciais e finais e cap. 2: Pand P. Studio/Shutterstock.com; cap. 1 e cap. 3: Panimoni/Shutterstock.com; cap. 4: SAHAS2015/Shutterstock.com; cap. 5: Kharlamova/Shutterstock; cap. 6, cap.7, cap. 9 e cap. 10: Comscreen/Shutterstock; cap. 8: Ganzaless/Shutterstock; cap. 11: Abscent/Shutterstock; Cap. 12: Alvin555/Shutterstock.

Imagens da capa: Yuu-Me; Luiz Souza; Manfredxy; Lefpic e Paulo Vilela/Shutterstock.

© 2018 Cengage Learning Edições Ltda.

Todos os direitos reservados. Nenhuma parte deste livro poderá ser reproduzida, sejam quais forem os meios empregados, sem a permissão, por escrito, das editoras. Aos infratores aplicam-se as sanções previstas nos artigos 102, 104, 106 e 107 da Lei nº 9.610, de 19 de fevereiro de 1998.

Esta editora empenhou-se em contatar os responsáveis pelos direitos autorais de todas as imagens e de outros materiais utilizados neste livro. Se porventura for constatada a omissão involuntária na identificação de algum deles, dispomo-nos a efetuar, futuramente, os possíveis acertos.

A editora não se responsabiliza pelo funcionamento dos links contidos neste livro que possam estar suspensos.

As opiniões expressas neste livro são de responsabilidade exclusiva do autor e não refletem necessariamente a opinião da Cengage Learning.

Para informações sobre nossos produtos, entre em contato pelo telefone **0800 11 19 39**

Para permissão de uso de material desta obra, envie seu pedido para direitosautorais@cengage.com

© 2018 Cengage Learning. Todos os direitos reservados.

ISBN 13: 978-85-221-2778-8
ISBN 10: 85-221-2778-6

Cengage Learning
Condomínio E-Business Park
Rua Werner Siemens, 111 – Prédio 11 – Torre A – conjunto 12
Lapa de Baixo – CEP 05069-900 – São Paulo –SP
Tel.: (11) 3665-9900 – Fax: (11) 3665-9901
SAC: 0800 11 19 39

Para suas soluções de curso e aprendizado, visite **www.cengage.com.br**.

Impresso no Brasil
Printed in Brazil
1ª impressão – 2017

Dedico esta obra aos três
grandes tesouros da minha existência:
Fabiana, Annelise e João Pedro.

A despeito das incertezas na área política e de um cenário econômico conturbado, uma coisa é clara: os investimentos governamentais em infraestrutura não podem parar, especialmente em áreas de saneamento, transporte e energia. Em que pese seu papel de regulador e orientador dos investimentos, o setor público tem esgotadas suas condições de financiamento e gestão em áreas de grande importância para o crescimento econômico e bem-estar da população brasileira.

Em contrapartida, as Entidades Fechadas de Previdência Complementar (EFPCs), comumente chamadas de Fundos de Pensão, gestoras de um patrimônio que gira em torno dos R$800 bilhões, ou seja, 12,6% do Produto Interno Bruto (PIB), preocupadas com a queda das taxas de juros e alta volatilidade na renda variável, poderão ter papel de grande relevância na formação das PPPs, já que projetos dessa natureza preveem contratos de até 30 anos, em linha com o perfil de longo prazo de seus passivos.

O Professor Carlos Cova, acadêmico de notório saber nas disciplinas de mercado financeiro e de capitas, consultor financeiro e de projetos logísticos com experiência em estruturação e concessões, nos esclarece sobre a importância da matéria para o crescimento sustentável da economia brasileira. O *Manual de estruturação de concessões e parcerias público-privadas* trará luz sobre a relevância do assunto, servindo de material de consulta e orientação para análise de gestores de fundos de investimentos e investidores institucionais, tais como os Fundos de Pensão.

ALEXANDRE GARIOLI
Sócio-Diretor da Ideas (Desenvolvimento e
Estudos Aplicados à Seguridade Social)

O tema da obra, com a qual o Professor Carlos Cova nos brinda é, no meu entender, de leitura obrigatória para empresários, gestores de Fundos de Investimentos em Participação (FIPs) e analistas, entre outros. O *Manual de estruturação de concessões e parcerias público-privadas* vem ao encontro de uma realidade que aflige a todos nós: a necessidade de investimentos nas áreas de infraestrutura, logística e tecnologia, e em setores de fundamental importância na vida de uma sociedade que envelhece rapidamente.

É de conhecimento público que o país desperdiça algo em torno de 15% de seu PIB por deficiência ou inexistência de uma estrutura de modais de transporte de cargas, a saber: rodoviário, ferroviário, aéreo, aquaviário e dutoviário. Tal fato gera enormes problemas na distribuição, armazenagem e estocagem de produtos de suma importância na pauta de exportação brasileira, o que faz aumentar o custo Brasil afetando, negativamente, a balança comercial brasileira.

Reconhecidos os problemas existentes nessas áreas, vislumbra-se, então, a necessidade de altos investimentos que não serão cobertos pela presença do Estado, seja em que esfera for, federal, estadual ou municipal, pois o déficit fiscal, hoje, é um lugar comum a todos.

Com isso, não temos dúvidas de que a presença do capital privado, nas oportunidades de negócios criadas pelo quadro existente, deverá ser o grande impulsionador do crescimento econômico, desde que se encontre uma taxa interna de retorno justa e atraente para ambas as partes.

EDMILSON LYRA
Presidente da Associação Brasileira
de Educação Financeira (ABEF)

Apresentação

Manual de estruturação de concessões e parcerias público-privadas constitui-se de uma tentativa de contribuir para o fomento e a disseminação das técnicas e procedimentos requeridos para a estruturação de projetos de concessão de ativos de infraestrutura e também de outros negócios passíveis de concessão, seja no formato da chamada concessão tradicional, regida pela Lei nº 8.987/95, ou ainda nos tipos contemplados na Lei nº 11.079/204, que ficou conhecida como Lei das Parcerias Público-Privadas.

O momento é rico e oportuno, haja vista que o país precisa urgentemente superar suas deficiências em termos de infraestrutura, ao mesmo tempo que deve lidar com a difícil equação político-econômica envolvendo demandas das mais variadas dos diversos setores da sociedade em face de uma situação de deterioração fiscal crônica.

A despeito do conturbado ambiente político no país neste ano de 2017, não é crível que os próximos dirigentes do poder executivo das esferas federal e estadual, que assumirem os respectivos governos em 2019, abandonem a concepção do atual programa de parceria de investimentos (PPI).

O PPI foi criado pelo governo para ampliar e fortalecer a relação entre o Estado e a iniciativa privada. Tem como objetivo principal gerar empregos e estimular o crescimento econômico por meio de novos investimentos em projetos de infraestrutura e de desestatização.

Nossa experiência como consultor financeiro de diversas empresas, bem como de projetos logísticos, atuando em projetos de aperfeiçoamento de modelagem de concessões no âmbito da Secretaria Nacional de Política de Transporte (atual Secretaria de Política e Integração) e também em estudos relativos à infraestrutura hidroviária (no âmbito da DAQ/DNIT), aumentou nossa convicção de que os projetos de concessão de ativos para exploração da iniciativa privada devem ser submetidos a critérios de modelagem bastante efetivos, sob pena de se verem frustradas as expectativas dos diversos atores envolvidos.

Nesse sentido, a combinação de forte base conceitual e doutrinária de finanças corporativas e finanças públicas, resultante da prática docente durante quase duas décadas na Universidade Federal Fluminense (RJ), com a prática da consultoria e da gestão no ambiente do mercado financeiro, indicou que seria oportuno tentar conceber um manual para a estruturação de projetos de concessão e de parcerias público-privadas.

Trata-se de um texto voltado tanto para o público acadêmico, em especial para os alunos de programas de pós-graduação em Economia ou Finanças Públicas, como também para gestores e dirigentes do setor público nas três esferas de governo. Procuramos ser bastante sucintos na apresentação das especificidades doutrinárias da Teoria das Finanças, a fim de não comprometer o entendimento dos agentes não especialistas.

O livro está dividido em 12 capítulos. O Capítulo 1 apresenta uma contextualização histórica sobre os conceitos de concessão e de parceria público-privada, e sua introdução no ambiente jurídico-institucional brasileiro.

No Capítulo 2, apresentamos a modelagem de *project finance*, que é uma tecnologia financeira relativamente recente mas fundamental para o êxito de projetos de concessões, e também evidenciamos os tipos de possíveis concessões.

O Capítulo 3 trata da tecnologia das securitizações de recebíveis nas concessões, em linha com a profusão de debêntures de infraestrutura atualmente em voga no mercado financeiro, o que de fato se constitui em importante fonte de financiamento de longo prazo para projetos dessa natureza. No Capítulo 4 discorreremos sobre o importante papel do parceiro público nas concessões.

Os Capítulos 5 e 6 abordam a questão do estudo de viabilidade técnica, econômica e ambiental (EVTEA), respectivamente na caracterização e definição de custos de implantação e na definição da taxa de desconto e avaliação de risco. São feitas algumas considerações acerca do processo de licenciamento ambiental e seus impactos sobre os projetos de infraestrutura. Os aspectos específicos de gestão de riscos em concessões, por sua vez, são tratados no Capítulo 7.

À guisa de provocar a reflexão das lideranças políticas, no Capítulo 8 discorremos acerca do que denominamos como sendo a falácia da modicidade tarifária e a importância das taxas de retorno dos investimentos para viabilizar estes importantes instrumentos de captação de recursos.

Os Capítulos 9 e 10 são de abordagem mais teórico-conceitual e tratam dos parâmetros e variáveis financeiras empregados na modelagem de concessões, bem como a inadequação dos modelos baseados em TIR atualmente em uso e a apresentação de um critério alternativo para a modelagem.

O Capítulo 11 apresenta alguns aspectos sobre a sociedade de propósito específico nas concessões, que é o veículo sobre o qual se apoia a lógica da estruturação pretendida, quando há a decisão de realizar a operação entre os parceiros público e privado.

Por fim, no Capítulo 12, apresentamos os aspectos contábeis das concessões e PPPs, evidenciando o tratamento dispensado ao reconhecimento de ativos, passivos e receitas nessas operações.

Prefácio

O mercado editorial brasileiro ganha, com o *Manual de estruturação de concessões e parcerias público-privadas*, de autoria do professor Carlos Cova, uma importante contribuição para o entendimento de um dos temas mais relevantes para a gestão financeira contemporânea, seja ela no âmbito da administração pública ou na esfera da iniciativa privada.

Mercê de sua experiência de gestão como oficial administrador, no âmbito das Forças Armadas, somada à sua vivência acadêmica como docente da Universidade Federal Fluminense, onde chegou a ser professor titular e, sobretudo, como resultado de sua vasta experiência profissional no mercado financeiro, onde hoje atua, tem-se como resultado esta obra, que, provavelmente, muito ajudará na concepção e modelagem de projetos de infraestrutura que tenham como objeto o estabelecimento de uma parceria público-privada ou uma concessão tradicional.

Com destaque para o passo a passo da modelagem econômico-financeira, o livro produz instigantes reflexões acerca da oportunidade e pertinência do emprego de premissas e parâmetros fixos, quando da composição das taxas internas de retorno requeridas para o operador de uma infraestrutura a ser concedida. Nesse sentido, fica demonstrado que equívocos nessa composição podem frustrar um certame ou mesmo inviabilizar a operação no futuro, com sério desgaste para o emprego deste que é um importante instrumento de captação de recursos, tão necessários para que o Brasil possa completar o seu processo de desenvolvimento e superação de gargalos de infraestrutura.

Nós, da diretoria aquaviária do Departamento Nacional de Infraestrutura de transportes (DNIT), vemos com bons olhos a disseminação desses conhecimentos, pois acreditamos que os gestores públicos e privados, bem como os agentes políticos que porventura participem dos processos decisórios atinentes às concessões na administração pública, em suas três esferas, muito terão com que se beneficiar com a leitura desta obra.

Merece um destaque especial a reflexão provocada pela confrontação da premissa de modicidade tarifária com o conceito de serviço adequado, uma vez que não se ousa dizer de forma tão taxativa que se trata de atributos muitas vezes excludentes, fato que causa muitos problemas na operação futura dos ativos concedidos para a iniciativa privada.

No seu conjunto, é uma obra que certamente vai contribuir muito para o fortalecimento do emprego desse importante instrumento de finanças públicas, que ainda está em seus primeiros passos e em constante aperfeiçoamento institucional. Por essa razão, recomendamos sua leitura e análise.

Brasília, DF, junho de 2017.

Erick Moura de Medeiros
Diretor de Infraestrutura Aquaviária do Departamento Nacional
de Infraestrutura de Transportes de Mato Grosso (DNIT/MT)

Sumário

1. Uma contextualização histórica sobre os conceitos de concessão e de parceria público-privada 1

2. A modelagem de *project finance* e a tipologia das concessões 11

3. A tecnologia das securitizações de recebíveis nas concessões 25
   Ativos elegíveis como lastro em operações de securitização ... 27
   As etapas e os agentes envolvidos nas operações de securitização 28
   Os participantes nas operações de securitização 31
   As exposições de riscos nas operações de securitização 34

4. O papel do parceiro público nas concessões 39
   Características de uma PPP a serem observadas nos contratos 40

Os procedimentos licitatórios relativos às PPPs 42
Etapas para implementação de uma PPP em ente público 43
Elaboração do estudo técnico 44

5. **Estudo de viabilidade técnica, econômica e ambiental (EVTEA): caracterização e definição dos custos de implantação e processo de licenciamento ambiental** 49
   A análise financeira 52
   A questão das receitas acessórias 53
   A definição do montante do investimento e o plano de exploração da infraestrutura 57
   O nó górdio dos projetos de infraestrutura no Brasil: o licenciamento ambiental 61

6. **Estudo de viabilidade técnica e econômica (EVTE): as estimativas de receitas e de risco** 69
   A questão da introdução dos fatores de risco no modelo 70
   A justificativa para o emprego do fluxo de caixa descontado 71
   E quando não se identifica uma taxa de desconto? 78

7. **Aspectos de gestão de riscos em concessões** 81
   Análise dos elementos de risco 81
   Procedimentos de identificação de riscos 83
   O caso da frustração de receita na concessão do aeroporto do Galeão 91

8. **A falácia da modicidade tarifária e a importância das taxas de retorno dos investimentos** 93
   O equilíbrio econômico-financeiro e a segurança jurídica devem ser prioridades 97

9. **Os parâmetros e variáveis financeiras empregados na modelagem de concessões** 101
   Os conceitos de WACC e CAPM na construção da taxa mínima de atratividade 102
   A proporção de capital próprio (W_e) e de capital de terceiros (W_d) na composição do WACC 105
   O custo do capital próprio (K_e) 106
   A taxa livre de risco (R_f) 108
   O prêmio pelo risco de mercado ($R_m - R_f$) 109
   Definição do coeficiente beta (β) 110
   O custo de capital de terceiros (K_d) 115
   O custo financeiro (TJLP) 118

O *spread* do BNDES 119
O problema da inflação nos fluxos de caixa descontados..............................119
A suposição de inflação neutra 120
O emprego de moeda real, ou seja, a suposição de inflação não neutra 120
O problema da desconsideração da inflação na depreciação 122

10. A inadequação dos modelos baseados em TIR e um critério alternativo............ 125
Equilíbrio econômico-financeiro em concessões..126
O emprego do conceito de TIR na metodologia da ANTT 128
Cálculo do prêmio de risco da carteira de mercado......................................129
Estimativa da taxa livre de risco 131
Um exemplo de aplicação para dezembro de 2008.......................................133
Críticas à metodologia da ANTT...134

11. A sociedade de propósito específico nas concessões..141
A SPE sob a ótica societária..141
Composição do capital e regime de tributação da SPE 143

12. Aspectos contábeis das concessões e PPPs..145
O arcabouço normativo relativo às parcerias público-privadas 145
A contabilização das parcerias público-privadas 149

Referências bibliográficas...157

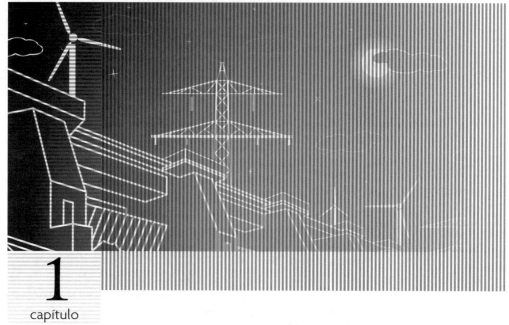

capítulo 1

Uma contextualização histórica sobre os conceitos de concessão e de parceria público-privada

A fim de permitir melhor entendimento acerca do contexto em que se inserem as concessões tradicionais e aquelas sob a forma de parcerias público-privadas (PPP), faz-se necessário apresentar uma breve retrospectiva histórica dos fatos que culminaram no ambiente político, institucional e econômico em que vivemos nesta segunda década do século XXI.

Dessa forma, vamos nos deslocar para o início da década de 1970, que foi marcado por elevadas taxas de crescimento econômico no bojo de um processo de dirigismo estatal conduzido pelo Regime Militar e que ficou conhecido por "milagre econômico".

Não obstante, conforme verificamos em Gremaud Vasconcellos e Toneto Jr. (2002, p. 411), este crescimento econômico, com a ocupação de toda a capacidade ociosa, levou a alguns desequilíbrios, o que gerou pressões inflacionárias e problemas de balança comercial.

Para a manutenção do ciclo expansionista, o Brasil dependeria cada vez mais de uma situação externa favorável, que, em razão da crise do petróleo, não se configurou. A elevação dos preços do petróleo combinada com as necessidades de importação de bens de capital e insumos básicos terminaram por deteriorar cada vez mais o saldo das transações correntes, fazendo que o país reduzisse suas reservas de divisas.

O governo optou, então, por uma estratégia baseada no financiamento do crescimento a partir de endividamento externo, fundamentado na suposição de que a crise era passageira e de pequenas dimensões. Destarte, o novo padrão do crescimento nacional estaria focado na produção estatal de meios de produção.

A lógica subjacente era a de que, conforme as empresas estatais avançassem, seus projetos de investimentos no setor de insumos gerariam uma demanda derivada que estimularia o setor privado a investir no setor de bens de capital. De modo geral, os economistas do setor público são pródigos na aceitação dessas tautologias, assumidas como verdades inquestionáveis.

Como não se pode reescrever a história, também não é possível afirmar que os empréstimos contraídos pelo Estado brasileiro em meados da década de 1970 tenham sido uma decisão equivocada, pois o processo de construção da infraestrutura do país ainda não havia terminado. Além disso, havia o fato de que o Brasil dependia de fontes externas para prover quase 90% do petróleo que consumia.

Então, o Estado foi responsável por grandes projetos de investimento, porém, não se preocupou muito com as consequências macroeconômicas futuras dessas iniciativas.

A ideia era completar o processo de substituição de importações, tornando o país menos vulnerável aos choques externos. É importante ressaltar, porém, que também havia uma preocupação com o aumento das exportações. Ou seja, o ganho em termos de divisas seria duplo: em primeiro lugar haveria uma "economia" de dólares com a redução das necessidades de importações; por outro lado, ocorreria um aumento da geração de moeda forte com a expansão das vendas externas, decorrente de uma pauta mais sofisticada, com maior participação de bens intermediários.

Assim, como exemplo, o Estado brasileiro investiu em grandes obras no setor de mineração (exploração do minério de ferro da Serra dos Carajás, no Pará, extração da bauxita pela Albrás e Alunorte) e de energia (usinas como a de Sobradinho, na Bahia). Ou seja, nesse modelo, as empresas estatais foram os principais instrumentos utilizados para a manutenção da estratégia de "crescimento com endividamento". Porém, na medida em que seu acesso ao crédito interno foi restringido, elas foram induzidas à captação externa e, consequentemente, ao aumento do seu passivo.

Além disso, com objetivos anti-inflacionários, as tarifas públicas passaram a sofrer reajustes abaixo da inflação. Houve, também, como resultado da deterioração da receita tributária e da tentativa de redução do déficit público, um esforço de contenção dos gastos orçamentários que se refletiu em uma redução significativa dos aportes de capital às empresas estatais.

De forma sintética, foi um período com as seguintes características: déficit público relativamente elevado, em comparação ao recomendável para manter o equilíbrio macroeconômico; existência de níveis de inflação acima do desejável e expansionismo estatal. Neste ponto da narrativa, não é possível deixar de observar que todos os acontecimentos relatados estão fartamente documentados na literatura econômica brasileira, o que torna surpreendente que muitas dessas medidas tenham sido retomadas durante o governo Dilma, fato que muito contribuiu para o novo quadro de deterioração fiscal da corrente década.

O início dos anos 1980 foi marcado por uma profunda transformação no arranjo econômico internacional, desencadeada pela alteração da política econômica dos Estados Unidos, que ficou mais restritiva, o que acarretou aumento das taxas de juros internacionais e redução da liquidez internacional.

Os organismos multilaterais, tais como o Bird e o FMI, passaram a recomendar aos países que pleiteavam recursos para resolver suas crises de balanço de pagamentos que adotassem um conjunto de dez medidas saneadoras que ficaram conhecidas como o decálogo do Consenso de Washington.

Este conjunto de medidas, que, conforme assinalam Kupfer e Hasendever (2002, p. 547), deveria ser adotado pelos países em desenvolvimento para que pudessem alcançar os níveis de bem-estar dos países desenvolvidos, envolviam mudanças estruturais que ensejariam, por ocasião da tentativa de sua implementação, uma forte tensão política e ideológica. Dentre as reformas sugeridas, destacavam-se: a disciplina fiscal, o aumento dos gastos em educação e saúde, a reforma tributária, a abertura da conta capital, a privatização, a desregulamentação, a liberalização do comércio e a proteção aos contratos e aos direitos de propriedade.

Na América Latina em geral, e no Brasil em particular, os anos 1980 foram marcados pela crise da dívida externa, que desencadeou um processo de hiperinflação, deteriorando a qualidade das políticas econômicas. Tais eventos foram magnificados em razão da série de desajustes estruturais no sistema econômico. Foi nesse caldo de cultura que chegaram ao Brasil as propostas do Consenso de Washington.

Ao longo de boa parte da chamada Nova República, sucessivos planos econômicos de caráter heterodoxo foram implementados sem sucesso. Apenas a partir de 1993, quando foi concebido e implementado o Plano Real (não se pode confundir este fato com o lançamento da moeda Real, em 1º de julho de 1994), a economia brasileira iniciou um período de relativo controle inflacionário, muito embora tenha também sido ressaltada a crise fiscal do Estado.

De acordo com Giambiagi e Além (2008, p. 429), os anos 1980 evidenciaram o início da reorganização patrimonial do setor público no âmbito internacional. Tal fato refletiu-se na alteração das formas de atuação do Estado no ambiente econômico.

Por sua vez, conforme registra o mesmo autor, a década de 1990 foi marcada por profundas reformas estruturais na economia brasileira, dentre as quais, é possível destacar: políticas agressivas de redução do déficit público, redução das taxas de inflação e restrições à participação do Estado na economia. Assim, em face dessas circunstâncias, já não era mais possível ao Estado financiar grandes projetos como no passado.

Não foi mais possível, portanto, aos governos ou às empresas estatais se lançarem à construção de grandes projetos, pelo menos na intensidade observada no passado. As restrições fiscais, o menor espaço para a prática de políticas irresponsáveis e a crescente exigência de estabilidade macroeconômica limitaram o escopo da atuação dos governos nos diversos países do mundo.

Impressiona o caráter cíclico destes problemas quando analisamos o quadro em que a Petrobras foi conduzida por uma funesta combinação de incompetência gerencial, corrupção e miopia ideológica. A situação em que se encontravam as empresas estatais em meados da década dos anos 1990 é similar ao estado em que as estatais brasileiras se encontravam em fins de 2015, com destaque para a petrolífera, que foi o alvo prioritário da sanha criminosa dos atores políticos da ocasião. Esse evento, por si só, justificaria a venda dessas empresas, visando impedir que, no futuro, uma recaída ideológica as fulminassem de vez, como ocorreu na Venezuela de Hugo Chaves.

Por outro lado, para a expansão da economia naquela metade da década de 1990, continuou sendo necessário dotar o país de uma infraestrutura de capital físico, como as fontes de energia proporcionadas pela construção de hidroelétricas e termoelétricas, bem como de uma malha logística multimodal para permitir a integração entre as regiões e os países do continente.

A economia demandava, tanto como antes, a realização de vários tipos de obras, que continuaram a apresentar as mesmas características que no passado tinham justificado a elevada participação do Estado na economia, tais como as altas exigências de capital, longo prazo de maturação e risco elevado. Nesse contexto, seria preciso conciliar a necessidade de dar continuidade nos investimentos em infraestrutura, com os limites impostos pelas restrições orçamentárias à ação governamental ou estatal.

Em virtude dessas circunstâncias, houve uma procura por novas modalidades de financiamento de investimentos. As inovações financeiras que se apresentaram como alternativas resultaram tanto das circunstâncias macroeconômicas quanto de uma realidade microeconômica em que se combinavam fenômenos associados à oferta, com outros ligados à demanda por recursos financeiros.

Em termos da oferta de recursos, entre as décadas de 1970 e 1990 ocorreu uma mudança importante no perfil da composição das fontes de recursos no mercado financeiro internacional. Em vez de os empréstimos serem feitos por grandes bancos, proliferaram os mecanismos envolvendo alguma forma de consórcio entre capitais.

Os bancos de investimento, os consórcios sindicalizados ou a pulverização da emissão de *bonds* (títulos de dívida) passaram, cada vez mais, a suprir os recursos que antes eram procurados apenas nos grandes bancos internacionais. A complementação de esforços, em que cada agente particular entrava com uma certa participação na oferta total de recursos para o financiamento dos investimentos, ampliou a disponibilidade de capitais. Nesse sentido, a década de 1990 foi um período de abundância no mercado de crédito internacional, com elevada liquidez e custos relativamente baixos, desconsiderando-se os períodos de crises associados justamente ao excesso de liquidez.

Por sua vez, a demanda por recursos para investimento se originava de um conjunto de fatores, com destaque especialmente para os seguintes:

1. o baixo nível de eficiência operacional na infraestrutura, associado ao elevado volume de perdas, à falta de confiabilidade nos sistemas e, em geral, à baixa qualidade dos serviços prestados, requerendo novos investimentos na melhoria do sistema e na ampliação da oferta;
2. a deterioração física dos ativos, causada pela manutenção inadequada dos mesmos; e
3. o viés em favor de novos investimentos em detrimento da manutenção e otimização dos ativos existentes.

Esta última questão estava em geral ligada à própria natureza pública dos investimentos e às injunções da natureza política. Em geral, as autoridades tendem a ganhar mais reconhecimento pela realização de novos investimentos do que pela conservação adequada dos que já foram feitos.

Esse é o ponto! Como exemplo emblemático, temos a precipitada modelagem da reforma do estádio do Maracanã (agora designado pelo termo "arena", talvez porque nos remeta ao período de obscurantismo moral da Antiguidade) realizada pelo governo Sérgio Cabral, no estado do Rio de Janeiro. Já são um desastre completo as denúncias de corrupção e de superfaturamento das obras. Porém, o mais dramático é o desvirtuamento do instituto das parcerias público-privadas, pois a empresa que assumiu a sua gestão quer devolver o ativo sob concessão.

Em 2013, o consórcio formado pela empresa Odebrecht (com 95%) e pela empresa norte-americana AEG (com 5%) venceu a licitação para explorar o Maracanã por 35 anos, oferecendo R$ 5,5 milhões por ano como outorga. No acordo, o grupo poderia derrubar o parque aquático e o estádio de atletismo para erguer um centro comercial e estacionamentos. Para demonstrar o desprezo com a segurança jurídica, pouco depois o governo Sérgio Cabral recuou e proibiu a derrubada das instalações esportivas. A Odebrecht também tocou a reforma do Maracanã. A empreitada em conjunto com a Andrade Gutierrez chegou a cerca de R$ 1,2 bilhão.

Em junho de 2016, a Odebrecht afirmou a procuradores da operação Lava Jato (que apura uma série de atos de corrupção praticados durante os governos Lula e Dilma), em tratativas para negociar sua delação premiada, que o ex-governador do Rio de Janeiro, Sérgio Cabral (PMDB), cobrou propina em obras como a do metrô e a reforma do Maracanã para a Copa do Mundo de 2014.

Na mesma ocasião, a Odebrecht enviou uma carta à Secretaria da Casa Civil do governo carioca pedindo a renegociação do contrato com o Maracanã. A concessionária reforça que tem feito um trabalho contínuo para reduzir os custos fixos, minimizar os prejuízos operacionais e se adequar aos impactos da alteração unilateral do contrato de concessão e aos períodos de interrupção da operação como na Copa do Mundo de 2014 e nas Olimpíadas Rio 2016. Até o fim de 2016 permanecia o impasse sobre essa questão, agudizado pelo colapso fiscal do estado do Rio de Janeiro.

Nessa questão, a ausência de um correto dimensionamento da futura operação do empreendimento combinada com a inépcia com que o governo do estado do Rio de Janeiro conduziu a questão, impondo ônus injustificáveis ao concessionário em decorrência de pressões políticas e de acordos de conveniência momentânea, geraram um péssimo histórico para a materialização de futuros empreendimentos sob essas formas de concessão.

O contraste entre a demanda por obras de infraestrutura, tais como estradas, pontes, usinas produtoras de energia, saneamento básico etc., de um lado, e as restrições financeiras do Estado, do outro, combinado com o contexto de abundância na disponibilidade de capitais nos anos 1990, gerou então a procura de um espaço de cooperação entre os setores público e privado.

No Brasil, esse espaço de cooperação foi marcado por dois avanços institucionais relevantes no que concerne às formas de parceria entre o setor público e o setor privado: a Lei nº 8.987\95, que trata da Concessão e Permissão de Serviços Públicos; e a Lei nº 11.079\2004, que dispõe sobre as parcerias público-privadas.

Não obstante, existem requisitos essenciais para que ocorra alguma forma de parceria público-privada: a percepção de que novos investimentos em infraestrutura não poderão ser realizados apenas com a participação isolada, seja do Estado, seja da iniciativa privada; e a definição, pelo Estado, de para quais segmentos de infraestrutura é requisitada uma articulação com capitais privados.

Estavam lançadas as condições para a formalização das parcerias público-privadas, por intermédio das quais certos investimentos, até então vistos como intrinsecamente "públicos", passariam a ser financiados e até mesmo administrados pelo setor privado, ou por ele em conjunto com o governo.

Por sua vez, o esgotamento da capacidade financeira do Estado, em suas múltiplas esferas de governo, para arcar com os investimentos públicos, induziu a busca da parceria com o setor privado como uma alternativa para financiá-los. Sobretudo nos casos em que seria preciso financiar os investimentos em infraestrutura cujas fontes de recursos não fossem sustentáveis (o que inviabiliza o modelo de Concessão Pública), que requerem grandes aportes de recursos e prazos longos de maturação, as parcerias público-privadas constituíram-se em alternativas bastante interessantes.

Não se pode esquecer também que o Estado brasileiro, em suas três esferas, possui ativos que podem ser oferecidos para a iniciativa privada em razão de seu potencial econômico, tais como museus, estádios, parques naturais, teatros e afins, monumentos de interesse turístico, dentre outros. Um marco regulatório adequado traria benefícios para a sociedade, na medida em que permitiria que agentes mais eficientes operassem esses ativos, liberando o Estado para suas atividades fundamentais.

Contudo, é importante destacar que o fato de o Estado deixar de financiar estes investimentos, em virtude do seu esgotamento financeiro, perdendo de certa forma a sua relevância na promoção deste papel, não se deve apenas a questões de natureza ideológica, mas sim, sobretudo, a aspectos de ordem conjuntural e estrutural. Tal circunstância não significa que o setor público não possa ainda continuar desempenhando um papel relevante em áreas nas quais o setor privado passou a atuar.

Ademais, convém lembrar que uma parceria público-privada não deve ser considerada uma nova panaceia capaz de resolver todos os problemas advindos do esgotamento financeiro do Estado. Uma PPP não vai transformar um projeto de infraestrutura que não tenha viabilidade em algo rentável ou eficiente, mas sim potencializar a capacidade de financiamento de bons projetos, que proporcionem crescimento e desenvolvimento econômicos, gerando externalidades positivas e ganhos de eficiência para a economia como um todo.

Para que haja o interesse do Estado no estabelecimento de uma PPP, ela deve proporcionar ao setor público alguma economia mensurável ou ganho identificado de eficiência em face da alternativa de realização direta do investimento público, embora utilizando também os recursos orçamentários escassos. Caso contrário, a opção pela PPP corre o risco de se tornar apenas uma forma de deslocar gastos presentes para atender a uma necessidade de fluxo de desembolsos futuros. Como, de um modo geral, a experiência brasileira no setor público não é um exemplo de eficiência em gestão, salvo em nichos bastante reduzidos, como é o caso de colégios e escolas militares, existem múltiplas possibilidades de ganhos advindos dessas parcerias.

Lembram Borges e Neves (2005) que uma PPP pode ser legal mas não ter legitimidade perante a população, o que pode colocar em risco a sua continuidade no longo prazo, aumentando também o risco de crédito. Quanto a esse posicionamento, entendemos que se trata de uma avaliação subjetiva, embora válida. Em regra, a população não tem capacidade de avaliar com propriedade as questões que envolvem a concessão de serviços públicos. Há um conflito de interesses objetivo, já que foi inculcado no senso comum de que os serviços públicos devem ser gratuitos, ou seja, se depender da maioria da população, as tarifas deveriam ser ou inexistentes ou muito baixas, o que inviabilizaria a operação. O perigo, aliás, não é propriamente a insurgência da população, mas sim a sua cooptação por políticos populistas, que advogam a instauração do caos, em benefício de seus próprios interesses.

Alguns estudos acadêmicos realizados em países emergentes indicam a possibilidade de incorporação de ganhos para o Estado em virtude da redução da corrupção, em especial quando se trata de contratos de empreitada (*turnkey*), ou pelo valor agregado, por ocasião da conclusão de obras que, de outra forma, não seriam terminadas ou seriam postergadas com custos para a sociedade. No caso brasileiro, a PPP não apenas é uma opção, mas também uma solução para a falta de opção diante do contingenciamento de recursos obrigatório. Em regra, a opção pela iniciativa privada é mais eficiente do que a operação direta por parte do Estado, em razão, dentre outros aspectos, da necessidade da manutenção de um aparato institucional robusto para a verificação da legalidade dos atos praticados e para o exercício de múltiplas instâncias de controles interno e externo. Isso apenas gera custos e não agrega valor.

Outro conceito amiúde estudado na literatura acadêmica internacional sobre PPP é a *accountability*, que compreende a assunção de responsabilidade, em especial a civil, administrativa e penal, por parte do concessionário, que deve prestar contas de suas ações. Isso significa que apenas se verificam ganhos para a sociedade quando houver responsabilização pelos atos referentes a um projeto que gerem perdas (abandono, superfaturamento etc.). Se houver impunidade, seja em obras públicas ou privadas, a discussão sobre as eventuais vantagens da PPP torna-se meramente acadêmica.

Assim, uma das questões relevantes a ser estudada é o fato de se em uma PPP vai haver maior cobrança sobre a sociedade de propósito específico (SPE) que vai operar a concessão, associada a questões de imagem, por exemplo. Há uma expectativa geral de que uma PPP será mais transparente porque estará submetida a regras de governança corporativa de sociedades empresariais, embora isso dependa da natureza do serviço, de seu caráter monopolista e da qualidade das instituições da sociedade civil para acompanhar essas informações.

Não obstante, os autores citados afirmam que não se deve esperar mais transparência em termos absolutos, pois tal circunstância vai depender de como foram definidos os objetivos do projeto na licitação pública original. Isso ocorre porque uma PPP só pode atuar de acordo com seus limites legais e contratuais.

As concessões em sentido amplo constituem um assunto bastante complexo, que não deve ser delegado para amadores ou aventureiros. Trata-se de um instrumento que deve ser submetido a imperativos de boa gestão e governança, sob pena de fracassar de forma retumbante. Não se pode esquecer que, antes de qualquer simplificação reducionista, a sua operação deve constituir-se em atividade empresarial que tenha uma rentabilidade compatível com os riscos a ela inerentes. Assim, se a tarifa não for suficiente para promover essa rentabilidade, o Estado deve complementar sua provisão. Não considerar esse detalhe é caminho certo para o fracasso desse importante instrumento.

capítulo 2

A modelagem de *project finance* e a tipologia das concessões

Muita tinta tem sido gasta para comentar sobre parceria público-privada, contudo, é possível observar que falta consistência na maior parte dessas elucubrações. O que não se pode imaginar é que uma PPP seja a solução para os problemas financeiros do Estado, em suas três esferas. As PPPs podem contribuir, sim, para melhorar a gestão governamental, mas existem vários aspectos e restrições que devem ser observados antes de se obter êxito na empreitada. Essa modalidade de concessão não se refere a um sistema de parcerias entre iguais, mas de uma nova forma de relacionamento entre Estado e setor privado, com direitos e obrigações por parte dos contratantes.

Borges e Neves (2005) lembram que a concepção da PPP deve ser comparada à de um arrendamento mercantil ou *leasing*, nos quais o Estado apenas aluga um serviço que contratou para outro agente prover (esse agente deverá construir antes de operar, se necessário) e que somente será remunerado ao passo que o serviço estiver sendo prestado em conformidade com as especificações do contrato, sendo os bens envolvidos na operação, em regra, reversíveis ao poder concedente (essa situação ocorre quando for o caso de uma modelagem do tipo *built operate and transfer* – BOT).

Esses autores também afirmam que já havia uma concepção da PPP no Brasil, em particular em projetos assistenciais, no sentido da atuação do setor privado com a operação mantida com recursos públicos. Nesse sentido, provavelmente a denominação PPP deveria ter sido aplicada para abrigar todas as espécies do gênero, buscando-se nomes próprios para cada uma delas, o que levaria à obrigação de uma explicação prévia por parte de um eventual analista acerca de qual conceito pretende tratar. Para as operações de colaboração financeira dos agentes financeiros públicos, a PPP é apenas mais uma entre as muitas modalidades de apoio, não devendo alterar significativamente a sua atuação em face das experiências com a concessão tradicional e com os instrumentos de *project finance*, que, por sua vez constitui-se em operação financeira que, ao contrário dos financiamentos tradicionais, não implica a geração de passivos.

Para rebater os críticos eventuais, que costumam ser contrários à privatização, Giambiagi e Além (2008, p. 433) ensinam que, embora a operação de áreas da infraestrutura e, especificamente, a dos diversos serviços públicos estatais possam ser entregues ao setor privado, a responsabilidade por esses serviços públicos continua sendo uma função do Estado, que a delega ao setor privado sob condições e prazos acordados em um contrato, com a obrigação de realização de investimentos previamente definidos.

Entrementes, para atrair os capitais privados para o financiamento dos projetos, é preciso que sejam observadas as seguintes condições: estabilidade macroeconômica, percepção de credibilidade do governo e do país, marco regulatório adequado, mercado de capitais desenvolvido, sistema financeiro diversificado, mercado de seguros sofisticado e, por fim, a existência de fundos de pensão com ativos de certo porte.

A estabilidade econômica implica que o país evidencie equilíbrio nas contas externas, uma situação fiscal sob controle, com inflação baixa e previsível e boas perspectivas de crescimento. Um empreendedor deseja um contexto macroeconômico favorável aos negócios, sem mudanças bruscas nem riscos quanto à sustentação de determinada estratégia. Nesse quesito, o ambiente macroeconômico brasileiro, em regra, não favorece.

A credibilidade dos agentes econômicos do governo e do país é um dos determinantes da percepção de risco associado ao negócio, e, consequentemente, impacta na taxa de desconto aplicada ao fluxo de caixa previsto, taxa essa associada ao custo de oportunidade do empreendimento. No limite, não há rentabilidade prevista que compense um risco que seja considerado extremamente elevado. É possível verificar países com credibilidade, porém temporariamente governados por administrações vistas com certa desconfiança pela comunidade de negócios. Inversamente, é possível ter governos com credibilidade em países com baixa reputação. A taxa de risco aplicada ao cálculo econômico vai refletir a ponderação que os investidores atribuam à falta de credibilidade de um e de outro, ou seja, do governo e do país. Tal requisito pode ser aplicável também para as demais esferas de governo, no caso do Brasil.

O desenvolvimento do mercado de capitais, em particular, e de um mercado financeiro, em sentido mais amplo, está ligado à possibilidade de que se tenha espaço para o lançamento de ações que possam ser adquiridas pelo público como uma das modalidades de financiamento de um projeto. Essa é, talvez, uma das formas de financiamento mais eficientes do ambiente econômico. Via de regra, o mercado de capitais opera em ambientes de Bolsas de Valores. No Brasil, as operações são totalmente eletrônicas, fato que garante eficiência e rapidez no registro das ordens de compra e de venda.

Não se tem notícia de país que tenha atingido um grau de desenvolvimento econômico pujante sem que tenha, ao mesmo tempo, avançado no estabelecimento das instituições do mercado financeiro, que compreende, conforme a segmentação sugerida por Securato e Securato (2007, p. 27), as seguintes subdivisões de mercado: de capitais, de crédito, monetário, de câmbio e de derivativos.

O mercado financeiro é constituído por um conjunto de instituições e operações que se ocupam do fluxo de recursos monetários entre os diversos agentes econômicos. Basicamente, o mercado financeiro é o lócus de interação entre emprestadores e tomadores de recursos. As instituições que desempenham as funções de criação de mercado reunindo os agentes emprestadores, tomadores e operadores diversos são denominadas intermediárias financeiras.

O mercado monetário diz respeito às operações de curto prazo que proporcionam um controle do nível de liquidez da economia, e também permitem formar a taxa básica de juros pretendida pela política econômica das autoridades monetárias. Aqui no Brasil é a taxa Selic.

O mercado de crédito compreende as operações de financiamento de curto e médio prazos voltadas para o financiamento dos ativos permanentes das empresas, bem como do seu capital de giro. Esse mercado é composto, basicamente, por bancos comerciais e por sociedades financeiras.

O mercado de capitais contempla as operações com valores mobiliários (ações, debêntures, bônus de subscrição e *commercial papers*) de médio e longo prazos. Seu principal objetivo consiste em proporcionar liquidez aos títulos de emissão das empresas e, assim, viabilizar a capitalização destas.

O mercado de câmbio está voltado para as operações de conversão da moeda de determinado país pela moeda de outro, viabilizando as transações entre agentes detentores de moedas distintas.

Por fim, o mercado de derivativos é formado por contratos privados entre duas e mais partes que têm o objetivo de gerenciar o risco de suas operações. Os instrumentos derivativos são: contratos a termo, contratos de futuros, *swaps* e contratos de opções (de compra, *calls* e de venda, *puts*). Basicamente, alguns de seus agentes buscam mitigar os riscos a que estão expostos praticando as operações de *hedge*, e outros agentes buscam auferir lucros a partir de suas operações praticando as operações especulativas. O valor dos instrumentos derivativos origina-se do valor de algum ativo, da taxa referencial ou mesmo de algum índice-objeto como ações, títulos, moedas ou *commodities*. Os contratos de derivativos se valem de um objeto de referência do qual tais contratos derivam (por isso o termo "derivativo").

De forma análoga, conforme assinala Teixeira (2005, p. 113), um sistema financeiro eficiente e um mercado de capitais desenvolvido são garantias de que haverá diversas alternativas de transferências de poupanças para permitir os financiamentos de investimentos de longo prazo. Não obstante, o grau de sofisticação dos instrumentos financeiros que transitam por esses ambientes muitas vezes não é do conhecimento dos potenciais empreendedores e gestores públicos.

Com o estabelecimento de um mercado financeiro bem estruturado, os instrumentos financeiros para viabilizar o financiamento dos investimentos pretendidos estariam disponíveis não apenas na forma de ações, mas também por meio da emissão de debêntures ou de obtenção de empréstimos bancários, preferencialmente de longo prazo, e ainda por meio da securitização de recebíveis, que consiste na conversão de uma receita futura em títulos negociáveis.

Além disso, a expansão de um mercado de seguros também é fundamental para estabelecer um ambiente favorável ao investimento. O seguro se destina a cobrir os riscos envolvidos na operação de um projeto de longo prazo, podendo ser considerado essencial para certo tipo de projeto, de riscos elevados e grande envergadura. Como o mercado brasileiro de produtos securitários é ainda pouco desenvolvido, as apólices são transacionadas caso a caso, encarecendo as operações, o que torna necessário uma negociação com as seguradoras para desenvolver produtos com a finalidade de mitigar os riscos já encontrados em *project finance*. Os mercados de capitais e de seguros são dois fatores de mitigação de riscos que precisam ser mais desenvolvidos no Brasil.

Por fim, a existência de instituições de poupança contratual, como os fundos de pensão, favorece a oferta de fundos de longo prazo em razão de possuírem passivos de longa maturação.

O peso dos fundos de pensão é um indicador do desenvolvimento de uma economia e da sua capacidade de alavancar projetos de investimentos. Quanto mais desenvolvido é um país, maior tende a ser o estoque de recursos em poder dos fundos de pensão. Esses capitais devem ser geridos pelos seus administradores a fim de garantir o pagamento de aposentadorias futuras dos participantes do fundo nos prazos contratuais estipulados. São, portanto, pela sua própria natureza, recursos de longo prazo que se prestam ao financiamento de projetos de longa maturação.

Corroborando esse argumento, Borges e Neves (2005) lembram que a experiência internacional cita a necessidade da existência de um mercado de capitais maduro como um dos fatores de sucesso de uma PPP. Tal requisito permitiria o uso de instrumentos financeiros criados sob medida, como operações de securitização dos créditos contra o setor público para divisão do risco com investidores institucionais e captação por meio de instrumentos de democratização do capital (por exemplo, com o lançamento pela sociedade de propósito específico (SPE) que vai operar o projeto e de debêntures conversíveis lastreadas pelos recebíveis gerados). O uso de direito de compra (*call*) e de obrigação de compra (*put*) pode tornar-se instrumento fundamental para garantir o direito de saída da operação, fato que ajudaria a atrair os fundos de pensão e outros investidores relevantes.

De modo geral, o que os capitais privados que participam de parcerias procuram é um ambiente econômico previsível, pró-mercado e com parceiros domésticos em condições de serem sócios de um empreendimento conjunto.

Destaca-se que, tratando-se da provisão de serviços públicos, é possível a ocorrência de uma série de arranjos institucionais. Por exemplo, é possível manter a propriedade dos serviços na esfera pública e delegar a sua operação para a iniciativa privada por meio da terceirização de algumas atividades. Ou ainda, é possível deixar tanto a propriedade como a operação com o setor privado. Contudo, é preciso garantir que a atividade seja adequadamente regulada para evitar prejuízos aos consumidores.

Há diversas modalidades de parcerias entre o setor público e privado para operações de infraestruturas. Essas classificações podem receber denominações diferentes de acordo com o país em que são consideradas. As formas mais utilizadas são conhecidas pelas seguintes denominações na língua inglesa:

1. *Build-operate-transfer* (BOT): Representa o mecanismo clássico de concessão para a exploração de um serviço que, ao final, a infraestrutura retorna às mãos do Estado.
2. *Build-transfer-operate* (BTO): Trata-se de uma modalidade na qual a construção é separada juridicamente da operação, já que neste caso o empreendimento da construção cabe ao setor privado. Mas, quando a construção termina (e antes da exploração do serviço), o direito de concessão cabe ao Estado, que, mediante outro ato legal, pode conceder a exploração à mesma empresa que construiu ou à outra.
3. *Build-own-operate* (BOO): É um mecanismo similar à modalidade BOT, com a diferença de que não há prazo final de concessão, ou seja, a empresa fica com plenos direitos sobre o projeto sem sua devolução posterior para o Estado.

4. *Buy-build-operate* (BBO): Neste caso, a venda representa a transferência de propriedade de um ativo já em operação acompanhada da obrigação de operação e eventual expansão por parte dos novos controladores.

Por sua vez, no Brasil, de acordo com a legislação de referência, os contratos de PPP podem ser firmados em duas modalidades:

1. Concessão patrocinada: O seu objeto é a concessão de serviços públicos ou obras públicas de que trata a Lei nº 8.987/95, quando envolver, adicionalmente à tarifa cobrada dos usuários, uma contraprestação pecuniária do parceiro público ao parceiro privado. Isso significa, objetivamente, que a taxa interna de retorno do projeto não cobre o custo de oportunidade dos investidores.
2. Concessão administrativa: O seu objeto é a prestação de serviços de que a administração pública seja a usuária direta ou indireta, ainda que envolva execução de obra ou fornecimento e instalação de bens. Competirá ao parceiro privado a operação da concessão com a expectativa de que a sua capacidade de gestão traga benefícios para ambos os atores envolvidos.

Há, ainda, uma classificação bastante elucidativa em relação às operações desenvolvidas no Brasil que envolve duas possibilidades no tocante às fases de atuação do parceiro privado: os modelos *design-build-finance-operate-transfer* (DBFOT) e *build-finance-operate-transfer* (BFOT).

O modelo DBFOT (projetar, construir, financiar, operar e transferir) compreende a participação do parceiro privado em todas estas etapas por meio de uma SPE, ficando o parceiro público apenas com o encargo de definir o serviço a ser prestado. Ao fim do prazo de concessão, os ativos são transferidos ao poder concedente. Nesse modelo os riscos são compartilhados entre os parceiros.

Por sua vez, no modelo BFOT (construir, financiar, operar e transferir) o parceiro público, além de definir e especificar o serviço, desenvolverá o projeto de engenharia correspondente. Embora o modelo também implique a devolução dos ativos ao poder concedente ao final do prazo de concessão, os riscos do empreendimento são assumidos pelo ente público.

Em geral, independentemente da modalidade, os agentes participantes de um consórcio para administrar um serviço outorgado em concessão constituem uma empresa sob a forma jurídica de SPE, ou *special purpose company* (SPC), com personalidade jurídica distinta da dos sócios, e na qual o Estado pode ou não estar presente. Os participantes podem ser agrupados em três categorias: sócios controladores, sócios minoritários e patrocinadores, que podem ser sócios ou não e entram com os recursos requeridos para o projeto.

Outra forma de agrupar os diversos atores que formam parte da exploração de um serviço é com base em seus interesses. Há um primeiro grupo composto por aqueles que têm como objetivo a expansão natural no seu ramo de negócios, tais como a empresa construtora, que deseja ter uma demanda por seus serviços para continuar fazendo obras; a empresa fornecedora de equipamentos nos casos em que a obra demanda bens de capital de elevado valor unitário (como as turbinas de uma usina de energia elétrica) e a operadora especializada no serviço específico do objeto da concessão.

Um segundo grupo é representado pelos patrocinadores (que podem ser sócios ou não) guiados pelo interesse exclusivo no retorno financeiro da operação. Estes atores tanto podem financiar a atividade A como a B ou a C, desde que tenham boas perspectivas de rentabilidade. Além disso, eles não necessariamente estarão comprometidos com o projeto até o final da operação, podendo em algum momento posterior vender as suas participações. Este grupo inclui, basicamente, os investidores externos, os bancos de investimentos locais e os fundos de pensão.

Além disso, há uma gama variada de outros agentes, com destaque para os seguintes atores:

1. Os governos, que são interessados na provisão do serviço e, via de regra, atuam na coordenação de esforços para a viabilização do empreendimento ou, em alguns casos, viabilizam o apoio financeiro, seja por meio de recursos orçamentários para a realização de obras complementares ou com a participação no empreendimento por meio das empresas estatais ou de instituições financeiras oficiais.
2. Os órgãos multilaterais de empréstimos (Banco Mundial, BID e Eximbank), que são atores importantes tanto para a constituição do *funding* do projeto como pela sua *expertise* técnica em projetos similares de outros países.
3. Os usuários que, de modo geral, são caracterizados pelas dificuldades para sua identificação e mobilização, a não ser em alguns casos específicos.

Esses diversos grupos se articulam entre si para atuar em forma complementar e somar seus recursos, montando um consórcio para a exploração de um serviço, usando a modalidade de financiamento denominada *project finance*.

O que seria então o *project finance*? De acordo com a definição de Bonomi e Malvessi (2002, p. 20), trata-se de um exercício de engenharia financeira que permite que as partes envolvidas no empreendimento possam realizá-lo assumindo diferentes responsabilidades ou diferentes combinações de risco e retorno de acordo com as suas respectivas preferências. O núcleo dessa operação reside na possibilidade de securitização dos recebíveis oriundos de um empreendimento, ficando segmentado e isolado em uma SPE. O destaque é o fato de que essa forma de financiamento não gera uma dívida para o investidor que implantará a infraestrutura, embora existam possibilidades de frustração de rendas futuras e, consequentemente, de prejuízos.

No Brasil, existem alguns casos importantes de aplicação dessa modalidade de estrutura financeira em múltiplas áreas, fato que destaca sua relevância e o acerto de levá-la em consideração como instrumento facilitador para a realização de empreendimentos do interesse público, no bojo de programas governamentais.

Com base em apurada análise das condições institucionais do Brasil, Borges e Neves (2005) sugerem que a formatação das PPPs deve caminhar para formas mais próximas a um *project finance*, na medida em que a lei permite a divisão com o Estado dos ganhos na repactuação futura de empréstimos e no incremento de receitas próprias do projeto (prêmio de sucesso, superlucro etc.).

Ademais, o uso de estruturas de *project finance* pode exigir, com vistas à mitigação do risco de gestão, uma estrutura contratual complexa e um forte compromisso com a transparência na gestão fundamentado em um sistema de governança corporativa e balanços auditados, indicando a necessidade de contratar terceiros para promover com credibilidade a certificação dos eventos contratuais. De um modo geral, a estruturação de um *project finance* é complexa e envolve a constituição de uma equipe multidisciplinar para que se torne efetiva.

A flexibilidade proporcionada pelo *project finance* pode ser observada a partir das múltiplas experiências de sucesso que viabilizaram uma série de empreendimentos no Brasil. No setor elétrico, podemos citar o uso da modalidade de *project finance* do tipo *full-recourse* (empreendimento no qual os patrocinadores funcionam como avalistas durante o prazo de financiamento) como ocorreu na construção da Usina Hidrelétrica de Machadinho (Maesa) com capacidade de geração de 1.490 MW, entre o Rio Grande do Sul e Santa Catarina. Por sua vez, na construção da Usina Hidrelétrica de Serra da Mesa (Semesa) com capacidade de geração de 1.275 MW, no rio Tocantins, foi adotada a modalidade de *project finance* do tipo *limited-recourse* (os patrocinadores garantem o projeto até o término das obras e o início das operações).

Outra vertente de aplicação bastante interessante do *project finance* é o setor de transportes. É possível destacar, também nas rodovias entregues em concessão, vários exemplos de parceria eficaz entre os setores público e privado. Mesmo nesse gênero de parceria é possível a formação de múltiplas espécies de *project finance*. Há a concessão baseada na menor tarifa de pedágio, como é o caso da Nova Dutra, da Ponte S.A., da Via Lagos e, mais recentemente, da Autopista Fluminense, todas no estado do Rio de Janeiro, as três primeiras controladas pela Companhia de Concessões Rodoviárias (CCR) e a última pelo grupo OHL. Existem também modalidades de concessões do tipo preço determinado, como a AutoBAn em São Paulo, e do tipo não onerosa, como no caso da Rodonorte, no Paraná (neste caso, o estado do Paraná não recebe pela concessão, mas a empresa se compromete a conservar outras estradas de menor fluxo, além da rodovia principal).

É importante destacar que essas operações de *project finance* foram realizadas no contexto do regime de concessões, que, por sua própria natureza, exigem empreendimentos que sejam capazes de se sustentar a partir dos fluxos de caixa gerados nas operações.

No caso da parceria público-privada, em virtude da sua própria configuração jurídica e institucional no âmbito do Estado brasileiro, estão contemplados os empreendimentos que não têm viabilidade sob a ótica estritamente privada, mas que, por sua vez, proporcionam ganhos sociais significativos que extrapolam os custos estritamente financeiros que afastariam a iniciativa privada de sua exploração. Não obstante, uma parceria público-privada também pode ser constituída a partir de uma estrutura financeira tal como o *project finance*.

A origem do *project finance*, em geral, se relaciona com o desejo dos agentes participantes de compartilhar riscos e evitar uma concentração excessiva deles em um único setor.

De acordo com Finnerty (1998, p. 2), um *project finance* consiste na captação de recursos para financiar um projeto de investimentos de capital economicamente separável, no qual os agentes provedores dos recursos têm à sua disposição o fluxo de caixa oriundo do projeto como fonte primária de recursos para atender ao serviço de seus empréstimos e também fornecer o retorno sobre o capital investido.

Para dar mais consistência à operação, os prazos de vencimento da dívida e dos títulos patrimoniais são projetados de tal forma que permita que o fluxo de caixa do projeto dê o suporte necessário.

Um *project finance* pode ser constituído quando um conjunto de ativos relacionados for capaz de funcionar gerando retornos compatíveis, como uma unidade econômica independente. Nesse sentido, os eventuais patrocinadores dessa unidade podem crer que seja vantajoso formar uma nova entidade jurídica para construir, deter a propriedade e operar o projeto.

Convém destacar que, apesar de o *project finance* ter muitas características comuns, um financiamento com base no projeto envolve a elaboração de um esquema de financiamento sob medida para as especificidades de cada projeto. Por esta razão, a engenharia financeira especializada é muitas vezes tão crítica quanto as formas tradicionais de engenharia para que um projeto tenha êxito. Muitos projetos de concessões costumam frustrar as expectativas de seus idealizadores em virtude da falta de cuidado na modelagem de sua estrutura financeira.

Um *project finance* apresenta alguns elementos básicos que são fundamentais para o sucesso da operação, enumerados a seguir:

1. Um acordo entre partes financeiramente responsáveis pela implementação do projeto e que disponibilizam a ele todos os recursos necessários para a sua finalização.

2. Um acordo entre partes financeiramente responsáveis (via de regra sob a forma de um contrato para a compra da produção do projeto), de tal forma que haja a garantia de que, quando ocorrer a finalização do projeto, ele gere caixa suficiente para atender a todos os seus encargos operacionais e exigências do serviço de sua dívida, ainda que o projeto não seja bem-sucedido por motivo de força maior.
3. Garantias das partes financeiramente responsáveis, de tal forma que, no caso da ocorrência de dificuldades nas operações que tornem imprescindível o investimento de recursos financeiros para que o projeto restabeleça suas condições de operação, eles sejam disponibilizados (por meio de indenizações de seguro, de adiantamentos mediante entregas futuras ou algum outro meio).

A característica principal que distingue o *project finance* dos demais financiamentos é que o projeto constitui entidade jurídica distinta, ou seja, os seus ativos, os contratos a eles relacionados e os fluxos de caixa são segregados da entidade patrocinadora.

Não obstante, é preciso destacar uma advertência de Finnerty (1998, p. 3) no sentido de que não se deve empregar o conceito de *project finance* de maneira equivocada. O *project finance* não se constitui meio de levantar recursos para financiar projetos fracos que não oferecem retornos compatíveis para os investidores de capital. Além disso, o *project finance* não é um meio de financiar projetos que não possam ser financiados em bases convencionais. A grande vantagem que ele proporciona é a sua maior eficiência para alocar riscos e retornos entre as partes envolvidas de forma mutuamente aceitável.

O *project finance* impõe algumas exigências. Convém lembrar que o projeto não tem nenhum histórico operacional, de forma que a sua confiabilidade creditícia depende da lucratividade projetada do projeto e do suporte de crédito indireto alocado por terceiros por intermédio dos arranjos contratuais. Por essa razão, os eventuais credores exigem garantias de que o projeto entrará em operação e que, depois disso, ele será um empreendimento econômico viável.

Assim, a capacidade de os patrocinadores evidenciarem para convencer os provedores de recursos de que o projeto é técnica e operacionalmente viável será fator determinante para assegurar a disponibilidade de recursos financeiros.

No que tange à viabilidade técnica, é importante convencer os eventuais credores de que os processos tecnológicos são viáveis para assegurar a sua aplicação comercial na escala pretendida. Em geral são exigidas opiniões independentes de consultores de engenharia, sobretudo quando o projeto envolve tecnologia não comprovada, condições ambientais incomuns ou escala muito grande.

Quanto à viabilidade econômica, é preciso que os provedores de recursos financeiros estejam convencidos de que o projeto gerará fluxo de caixa suficiente para cobrir o serviço da dívida do projeto, bem como proporcionar uma taxa de retorno adequada para os investidores de capital. O projeto deve ser lucrativo mesmo que ocorram imprevistos, como aumento dos custos de construção, atrasos no cronograma de execução da obra, aumento das taxas de juros ou variações nos níveis de produção, preços e custos operacionais.

Além disso, os fatores de produção necessários para que a operação se efetive devem estar disponíveis em quantidade suficiente para que o projeto opere de acordo com a sua capacidade delineada durante a sua vida útil. Por fim, é preciso garantir que a entidade-projeto conte com uma equipe de gestão capaz e experiente, que evidencie as qualificações necessárias para a realização das operações.

Por meio desse arranjo jurídico-institucional, os grupos de investidores fortes podem somar esforços e, em vez de "bancar" isoladamente determinado projeto, podem dividir os esforços e apoiar diversas atividades, aplicando em cada uma apenas uma fração do capital. Trata-se, portanto, de uma forma de diversificação de portfólio.

No caso do Brasil, especificamente, as razões da popularidade do *project finance* estão ligadas a dois fatores:

1. É uma solução para a ausência de garantias, um problema tradicional em projetos de grande porte, haja vista que quem apoiava um projeto deparava seguidamente com empreendedores sem condições de assegurar garantias mínimas que gerassem certa segurança naqueles que emprestavam os recursos para as obras. Entretanto, ao se oferecer como garantia o próprio fluxo de caixa futuro de uma atividade vista como segura uma vez que estiver operando (por exemplo, a receita de exploração de um pedágio), as condições de financiamento, naturalmente, mudam.

2. No caso das empresas estatais, há o interesse em realizar os investimentos *off balance*, ou seja, de tal forma que não sejam capazes de impactar os resultados da empresa. Isso lhes permite conseguir evitar que esses recursos sejam interpretados como fonte de pressão sobre o déficit público. Do ponto de vista contábil isso ocorre porque, em vez de aparecer formalmente como despesa da empresa A ou B, tais investimentos são contabilizados como despesa de uma SPE, ou seja, representam um investimento privado do ponto de vista das contas públicas.

Os diversos agentes participantes de um *project finance* são solidários entre si na execução do projeto, mas não guardam nenhuma relação entre si nos outros negócios aos quais possam se dedicar. A figura jurídica, nesse sentido, se distingue de outras formas de associação, como a fusão ou a *joint-venture*.

Este tipo de projeto representa uma alternativa para o enfrentamento da necessidade de realizar grandes investimentos em certas áreas quando o setor público de diversos países enfrenta (em maior ou menor grau) certas restrições de financiamento. Dessa forma, as obras necessárias para viabilizar o crescimento do país são realizadas sem que isso comprometa a preocupação com o equilíbrio fiscal.

As fontes de recursos que dão origem à SPE são representadas por combinações de capital de risco dos sócios (*equity*), e por meio de empréstimos ou instrumentos híbridos, como as debêntures conversíveis em ação.

Não obstante, em virtude da complexidade presente nos arranjos jurídico-institucionais do Estado brasileiro nas suas três esferas de governo, convém destacar o alerta lançado por Borges e Neves (2005, p. 85), quando afirmam que

> [...] para que uma PPP venha a interessar ao setor privado e estruturar-se financeiramente, o parceiro privado deve exigir que, além de lhe ser assegurado o retorno do capital investido (majoritariamente financiado por credores, como fica implícito na lei), também venha a gerar lucros ou sinergias mensuráveis (parcela que deve ser proporcional ao cumprimento das metas).

Em contrapartida, o mesmo parceiro privado será chamado a comprometer capital próprio, a garantir a implantação e a assumir o endividamento de longo prazo através da SPE sob seu controle.

Considerando que uma PPP não é autossustentável, as taxas de retorno não serão atrativas para um empresário privado. Por essa razão, deve o Estado cobrir a diferença até torná-las competitivas com outras atividades. Esse retorno pode se materializar por meio de dividendos, de pagamentos diretos ou de ganhos em sua cadeia produtiva, cobrindo amplo espectro de sinergias possíveis.

O setor privado, ávido por novas oportunidades de negócio desde 2003, tem se manifestado em diversos eventos promovidos por meio de seus órgãos e associações de classe setoriais. Esse envolvimento, já a partir da redação dos primeiros editais de licitação das concessões em regime de PPP, gerou negociações e propostas que afetaram a maneira como os investimentos em infraestrutura são realizados no Brasil. O ambiente de negócios ficou muito prejudicado com a excessiva e inconsequente intervenção do governo Dilma na economia, em um delírio ideológico que a história registrará como a "nova matriz econômica". É necessário que projetos exitosos sejam implementados para que seja concebido um padrão de negócios saudável no futuro.

Há muitos aspectos que ainda exigem cautela nas minutas de contratos a serem redigidas, tais como a aplicação do poder discricionário do Estado tanto para a definição do término como para o pagamento do contrato de concessão. Além disso, é preciso observar as dúvidas acerca da absorção indireta pelo ente estatal, de endividamentos em moedas estrangeiras e o limite de risco provido pela SPE diante de uma aplicação mais abrangente de uma eventual desconsideração da personalidade jurídica.

Borges e Neves (2005) afirmam ainda que o estabelecimento de uma PPP interessa, em princípio, aos fundos de pensão, em razão de poderem ofertar títulos de longo prazo que porventura venham a atender à necessidade de pagamento de benefícios diferidos de acordo com a expectativa de vida de seus participantes.

Contudo, nesse último aspecto é preciso observar os elementos essenciais de qualquer investimento privado: rentabilidade, segurança e liquidez. Uma garantia de fluxo de caixa regular e de longo prazo pode interessar aos fundos de pensão, mesmo com baixa rentabilidade (se houver segurança e liquidez). Dessa forma, haverá um atrativo mercado para as empreiteiras interessadas na construção que venham a implantar o projeto e que poderão vender o controle da SPE operadora ou securitizar sua receita para fundos de pensão depois da maturação de um pagamento estável pelo parceiro público.

No tocante ao tempo para um governante estabelecer uma PPP, cabe também observação. Considerando, de forma otimista, que a elaboração dos editais e a contratação da concessão devem tomar cerca de quatro meses e que a estruturação das operações de crédito precisa de, no mínimo, um período equivalente, e que há limitações às contratações pelo setor público nos seis meses anteriores a uma eleição, as janelas de tempo que os governantes têm em seus mandatos para o estabelecimento de uma PPP é bastante reduzida.

Uma PPP vai exigir prazos dilatados de planejamento, elaboração, implantação e operação no âmbito do setor público e também na negociação dos contratos de estruturação financeira e jurídica para reduzir os riscos esperados (em alguns países esses prazos chegaram a ser de seis a dez anos para grandes projetos, considerando-se a resistência política). Tal circunstância não é condizente com as esperanças que o tema hoje desperta e com a ideia de que a PPP possa se constituir em rápida panaceia para resolver o problema do investimento público.

Sua complexidade de estruturação advém do fato de serem projetos de infraestrutura, mas também por utilizarem estruturas jurídicas novas, que devem ensejar uma resistência por parte daqueles que se sintam eventualmente prejudicados. Definir um cronograma de realização dos múltiplos passos deve ser um dos primeiros pontos a serem cuidados logo após a definição dos objetivos do setor público.

Como a PPP exige a prevalência do interesse público sobre o individual, a primeira etapa a ser cumprida é a definição precisa, estabelecida pelo órgão gestor estatal criado por instrumento legislativo dos objetivos a serem alcançados pela administração pública, seguindo-se a escolha da forma mais eficiente para atendê-los.

Não obstante, a despeito de todos esses aspectos complexos, das restrições de toda ordem e do ambiente de negócios ainda pouco favorável, o advento de um programa ousado de concessões e PPPs talvez seja uma das poucas alternativas disponíveis aos entes estatais no Brasil para debelar a grave crise fiscal que o país enfrenta atualmente, no final dos anos 2010.

capítulo 3

A tecnologia das securitizações de recebíveis nas concessões

Com base no manual Uqbar (Porto, 2006, p. 9), o termo "securitização" foi adaptado da palavra inglesa *"securities"*, que significa no Brasil o equivalente a um título mobiliário e é empregado para transmitir a ideia de criar ou utilizar valores mobiliários. Há também o registro de que talvez fosse mais apropriado o emprego do termo "titularização", como ocorre em outros países latinos. Contudo, o termo "securitização", assim como o seu verbo derivado "securitizar", já se consagraram no Brasil, gerando um anglicismo de uso corrente no mercado financeiro.

No bojo das inovações financeiras que ocorreram a partir da década de 1970, o uso da securitização como ferramenta financeira para o financiamento de empreendimentos cresceu rapidamente, tanto nos EUA como em outros países do mundo. As operações de securitização constituem-se de importante fonte de captação de recursos, especialmente para os bancos e demais instituições financeiras.

Um aspecto especialmente interessante das operações de securitização de recebíveis consiste em permitir que uma empresa obtenha recursos sem degradar o seu grau de endividamento ou comprometer o seu limite de crédito com os credores.

De acordo com Fortuna (2005, p. 317), os recebíveis são títulos que representam um direito de crédito originário de uma venda a prazo de bens, serviços ou operações imobiliárias. Por sua vez, a operação de securitização é o processo por meio do qual uma variedade de ativos financeiros e não financeiros (que também são denominados ativos-base) são reestruturados na forma de títulos mobiliários (títulos financeiros negociáveis) e depois são oferecidos para investidores.

Destaca-se que o grau de complexidade das operações de securitização pode variar de acordo com os aspectos específicos da estruturação como as considerações legais ou em virtude do tipo de ativo que será securitizado.

Na sua modelagem mais comum, uma operação de securitização envolve a constituição de uma sociedade de propósito específico (SPE), também conhecida pelo acrônimo SPC (*special purpose company*),que então emite títulos para captar recursos no mercado (em geral são debêntures), que são lastreados pelos recebíveis adquiridos. A lógica dessa operação baseia-se no fato de que os recebíveis são realizáveis em prazo curto, ao passo que as debêntures têm vencimento de prazos mais longos, o que assegura um fluxo de caixa que sustente a operação. Ao fim do prazo de resgate das debêntures, a SPE se extingue automaticamente.

A fundamentação de uma operação dessa natureza consiste na possibilidade de segregação dos riscos entre a empresa originadora dos recebíveis e a SPE, também chamada de *trust*, pois no caso de falência da primeira, os títulos emitidos pela segunda estarão fora do alcance dos credores que pediram a falência da empresa. Isto faz os *ratings* de crédito da SPE também superiores aos da originadora, já que, na estruturação da operação, a SPE ainda poderá obter garantias adicionais, reduzindo mais ainda o custo de captação da operação.

Assim, os fluxos de caixa gerados pelos ativos-base são usados para pagar o principal e os encargos das debêntures emitidas (também denominadas *securities*) bem como as demais despesas da operação. Essas debêntures, ou *securities*, lastreadas pelos ativos securitizados, podem ser também chamadas de *asset backed securities* (ABS), expressão em inglês que significa *securities* lastreadas por ativos.

Dependendo do arranjo contratual estabelecido entre a SPE e a empresa originadora, o pagamento dos créditos cedidos poderá ser efetuado somente após a colocação e venda no mercado dos títulos e valores mobiliários por eles lastreados.

A opção de financiar empreendimentos por meio de operações de securitização de recebíveis, embora seja uma operação estruturada que envolve certa complexidade se for considerada dentre as alternativas disponíveis, constitui-se em modalidade com custo de capital inferior ao das demais linhas de crédito do sistema financeiro convencional.

Na modelagem da operação, é preciso que fique evidenciado que os recebíveis obtidos pela SPE são firmes o suficiente para gerar um fluxo de caixa capaz de cobrir o valor do principal e dos encargos das debêntures emitidas, além de serem capazes de suportar as exigências de provisões para eventuais inadimplências da carteira de recebíveis.

A operação também pressupõe a instituição de um agente fiduciário,[1] em regra um banco, que recebe a denominação de *trustee*.[2] Este agente será o responsável pela gestão do caixa da SPE. Para tornar mais elevado o nível de governança da operação, tanto a SPE como o *trustee* devem ser monitorados por uma auditoria independente.

Uma das grandes vantagens de uma operação dessa ordem é o fato de, mesmo se a empresa originadora dos recebíveis venha a pedir concordata ou entrar em falência, os recebíveis da SPE não entrarão na massa falida, pois foram cedidos previamente e seu fluxo de caixa é administrado pelo *trustee*.

Não obstante, uma estruturação financeira dessa monta pressupõe uma sofisticada relação contratual, o que envolve custos. Outros custos desse tipo de operação são: remuneração do *trustee* e da auditoria independente, emissão e registro das debêntures e abertura da SPE.

Ativos elegíveis como lastro em operações de securitização

Em regra, qualquer ativo que tenha potencial de geração de caixa e que, de alguma forma, possa ser segregado do caixa de seu originador é um ativo passível de lastrear uma operação de securitização. Ou seja, praticamente todo tipo de fluxo de caixa, atual ou futuro, que é gerado por ativos, pode ser securitizado.

É possível constatar que, conforme o mercado de securitização se expande, ele se torna mais sofisticado e diversificado, de tal forma que se amplia a variedade de ativos que podem ser securitizados.

Os ativos elegíveis para as operações de securitização são os ativos-lastros (ativos que servem de lastro) dessas operações e cujo fluxo de caixa constitui

---

1. Agente fiduciário é uma entidade que foi concebida com o advento da Lei nº 6.404/76 (a "Lei das S.A."). Qualquer empresa credenciada pelo Banco Central para, entre outras funções, promover a execução extrajudicial de empréstimos hipotecários vinculados ao SFH é um agente fiduciário.
2. *Trustee* pode ser qualquer pessoa que detém propriedade, autoridade, cargo de confiança ou responsabilidade em benefício de outrem; por exemplo, o administrador de um fundo fiduciário. A relação contratual que estabelece as prerrogativas do *trustee* é chamada de *trust*. Por sua vez, *trust* é a denominação de uma sociedade estrangeira usada como estratégia para proteção de bens. Sua principal diferença em relação à sociedade convencional é que o *trust* é muitas vezes estabelecido em jurisdições *offshore* que oferecem inúmeros benefícios adicionais ao seu titular, além de proteção. A relação contratual que estabelece as prerrogativas do *trustee* é também denominada *trust*.

a principal fonte de pagamento e da remuneração dos títulos securitizados. Os ativos-lastros são agrupados em classes; as mais usuais em operações de securitização no mercado brasileiro são as seguintes:

1. Empréstimos franqueados.
2. Fluxo de pagamento de *royalties*.
3. Recebíveis comerciais.
4. Financiamentos para taxistas.
5. Crédito imobiliário.
6. Crédito pessoal.
7. Financiamento de veículos.
8. Recebíveis de cartões de crédito.
9. *Leasing* de aeronaves.
10. *Leasing* de equipamentos.
11. Empréstimos educacionais.
12. Faturas de cartão de crédito.
13. Pedágios de rodovias.
14. Faturas de água, energia e telecomunicações, desde que geradas por empresa privada.
15. Certificados de recebíveis imobiliários (CRI).
16. Mensalidades escolares.
17. Mensalidades de planos de saúde.
18. Contratos de locação ou de venda de imóveis.
19. Crédito ao consumo (CDC, veículos, empréstimos consignados).
20. Recebíveis comerciais (duplicatas e cheques).
21. Crédito a empresas.
22. Impostos.
23. Precatórios.

Destacamos que os ativos elegíveis elencados não constituem, em absoluto, uma lista fechada, pois quaisquer outros tipos de ativos com características similares também podem ser objeto de uma operação dessa natureza.

As etapas e os agentes envolvidos nas operações de securitização

A Figura 3.1, a seguir, apresenta uma das múltiplas formas de descrever uma operação de securitização de recebíveis, embora guarde todos os principais agentes envolvidos e tenha também a essência conceitual desse procedimento estruturado.

Preliminarmente descrever-se-á o processo como um todo e, em seguida, será caracterizado cada um dos atores envolvidos.

A tecnologia das securitizações de recebíveis nas concessões | 29

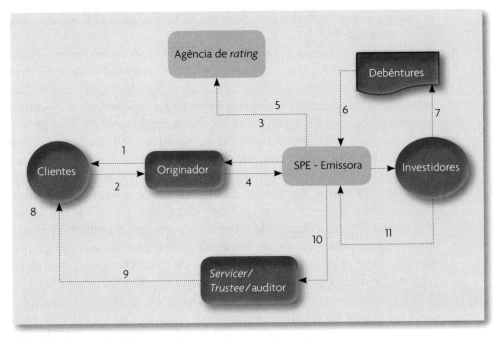

Figura 3.1 Descrição de uma operação de securitização
Fonte: Elaborado pelo autor.

Etapas do processo de securitização de recebíveis, considerando uma operação genérica:

1. A empresa originadora entrega a mercadoria, o bem final ou a prestação de serviço ao cliente.
2. O cliente da empresa originadora do recebível realiza uma compra a crédito, deixando na empresa um título correspondente para assegurar o pagamento implícito na operação (uma duplicata,[3] um contrato de compra e venda, um recibo de cartão de crédito etc.).
3. A empresa originadora do recebível cede de forma definitiva os direitos para a SPE (ou *trust*) emissora das debêntures, ou seja, não se trata de um financiamento com a carteira de recebíveis entrando como colateral (garantia). Aqui cabe uma observação importante: se a SPE for uma empresa concessionária de um serviço público, os recebíveis futuros serão

---

3. Duplicata é um título de crédito pelo qual o comprador se obriga a pagar dentro do prazo a importância representada na fatura. A duplicata, ou duplicata mercantil, é um documento nominal emitido pelo comerciante, com o valor global e a data do vencimento da fatura.

as tarifas a serem cobradas dos usuários, de forma que a SPE se confunde com a originadora.
4. A SPE repassa recursos para a empresa originadora como contrapartida pela cessão definitiva dos recebíveis. Os valores repassados são inferiores ao montante dos créditos cedidos, em proporção compatível com a classificação de risco desses recebíveis (que foram analisados pela agência de *rating*), bem como a remuneração dos demais atores da operação. A vantagem para a originadora consiste na liquidez imediata e na ausência de responsabilidade pelo eventual não pagamento dos recebíveis.
5. A agência de *rating* (pode ser mais de uma, fato que até é recomendável, mas gera custos adicionais) deverá realizar uma avaliação do risco de crédito dos títulos a serem emitidos (debêntures) com base em critérios metodológicos consagrados. Em uma operação, a avaliação procura identificar os principais riscos associados aos títulos ou ao emissor que possam interromper, em caráter eventual ou definitivamente, o fluxo de pagamento dos créditos que lastreiam os títulos emitidos pela SPE.
6. A SPE realiza a estruturação dos títulos definindo os termos e condições dos títulos a serem emitidos, levando em consideração aspectos de mercado como o *rating*, o retorno do investimento, o prazo e o modelo de amortização. Uma vez estruturadas, as debêntures ficam aptas ao lançamento no mercado pelas distribuidoras de títulos e valores mobiliários.
7. As debêntures são lançadas no mercado e adquiridas por investidores qualificados.[4]
8. Os recursos gerados pela colocação das debêntures no mercado são repassadas para a SPE, que passa a financiar seus investimentos e operações.
9. Procedimento de gestão dos títulos, que pode ser empreendido pelo agente *trustee* ou por uma entidade denominada *servicer*. Em regra, a tarefa consiste em recolher os pagamentos realizados pelos tomadores iniciais dos créditos, clientes da empresa originadora, com o subsequente repasse dos recursos (deduzidos dos custos dos serviços prestados) para a SPE que emitiu as debêntures.
10. A SPE recebe os fluxos de pagamentos já processados pelo *servicer*, acompanhados pelo serviço de auditoria independente e pelo agente fiduciário ou *trustee*.
11. Os investidores recebem os retornos contratuais e o pagamento do principal após o vencimento das debêntures.

---

4. Segundo a instrução CVM nº 554/2014, são considerados investidores qualificados as pessoas físicas e jurídicas com aplicações financeiras em valor igual ou superior a um milhão de reais, e que atestem essa condição por escrito.

Convém registrar que as etapas elencadas não são, em absoluto, uma regra fechada. Existem variações distintas quanto aos procedimentos de securitização. Por exemplo, nas concessões do setor elétrico, regidas pela Lei nº 8987/95, a empresa originadora dos recebíveis se confunde com a SPE que vai operar a concessão, de forma que se relacione diretamente com todos os demais atores da operação, já que passa a ser o agente central da securitização dos recebíveis.

Em regra, os principais emissores de ativos estruturados oriundos de securitização de recebíveis são as seguintes instituições:

1. Bancos e financeiras (em especial as de pequeno e médio porte, com acesso mais restrito ao mercado de capitais).
2. Empresas com grande volume de ativos fixos (plantas, centros de distribuição, lojas etc.).
3. Empresas industriais e de serviços com uso intensivo de capital de giro.
4. Construtoras e incorporadoras imobiliárias.
5. Concessionárias de serviços públicos.
6. Patrocinadores de investimentos em infraestrutura e *project finance*.

Os participantes nas operações de securitização

Para viabilizar uma operação de securitização de recebíveis é necessária a interveniência dos seguintes atores:

1. **Sociedade de propósito específico.** A sociedade de propósito específico (SPE) é uma instituição empresarial não financeira, constituída como uma sociedade anônima com objetivo específico de adquirir os recebíveis do originador e convertê-los em debêntures para os investidores. É também conhecida pela denominação internacional como *special purpose company* (SPC) ou *special purpose vehicle* (SPV). Há também a designação inglesa, que refere-se a esse tipo de sociedade pelo termo *trust*, uma empresa que teria como finalidade precípua a compra do fluxo de recebíveis, e, utilizando-se deste lastro, a emissão de títulos mobiliários. As SPEs são empresas com características especiais que as tornam mais seguras e práticas nas relações com os demais atores do processo de securitização, pois permitem a segregação dos ativos vinculados à operação da concessão, por exemplo, ou separados dos ativos da empresa originadora quando for o caso.
2. **Investidores.** Os investidores são todos os agentes do mercado financeiro que buscam auferir retornos compatíveis com suas preferências de exposição ao risco. Em regra, o principal agente atuante no mercado de securitização são os investidores institucionais que procuram diversificar a sua alocação de investimentos em setores distintos. Eventual-

mente, as pessoas físicas designadas como investidor qualificado (que dispõem de no mínimo R$ 1 milhão para investir) também demandam as debêntures estruturadas na securitização. De modo geral, a operação de securitização é uma oportunidade para o investidor diversificar os investimentos de renda fixa em vários novos segmentos, pois oferece melhores alternativas do que os títulos emitidos pelos bancos comerciais.

3. **Agente fiduciário.** Também conhecido como *trustee*, agente fiduciário é o responsável, por delegação, pela supervisão da operação de securitização e proteção dos direitos dos investidores que adquiriram os valores mobiliários. Em períodos determinados, o agente fiduciário tem a atribuição específica de emitir relatórios para os investidores com o exame dos índices do desempenho operacional da carteira e os resultados das auditorias internas. Trata-se de um encargo de grande relevância, em razão da confiança nele depositada pelo investidor. Em regra, essa responsabilidade é delegada a pessoas naturais com ilibada reputação para o exercício do cargo em instituição financeira autorizada pelo Bacen. O agente fiduciário exerce uma função exclusiva e não pode estar coligado a nenhuma outra tarefa, título ou outra instituição ou sociedade. A contratação do agente fiduciário é obrigatória para a instituição do regime fiduciário sobre os créditos que dão lastro aos títulos imobiliários. Dentre os poderes específicos do agente fiduciário, conferidos pelos titulares dos valores mobiliários, está o de quitar os compromissos assumidos pelos contratantes a partir do recebimento dos valores gerados pela operação. Além disso, o agente fiduciário deve administrar o patrimônio em separado da securitização, no caso de insolvência da securitizadora. No mercado de securitização internacional, o papel equivalente ao do agente fiduciário é exercido pelo agente conhecido por *trustee*, cujo escopo de atuação no processo de securitização é mais amplo do que as atribuições do agente fiduciário no Brasil.

4. **Agência de classificação de risco.** Trata-se de empresa especializada em atribuir uma classificação de risco de crédito para títulos mobiliários e emissores de títulos mobiliários (os emissores podem ser empresas, entes públicos ou qualquer outra organização com personalidade jurídica e capacidade para emitir títulos mobiliários). As agências de classificação de risco, mais conhecidas como agências de *rating*, entregam aos investidores, mutuários e emitentes dos títulos uma análise fundamentada para orientar a tomada de decisão quanto a um financiamento ou a seleção de um investimento a ser realizado. Para que uma agência de *rating* exerça papel significativo nas operações, ela deve ter boa reputação e inspirar a confiança do mercado. Essas são condições relevantes para que o mercado

em geral atribua eficiência e, consequentemente, exista a expectativa de se auferir maior lucratividade na captação de recursos. Por sua vez, a confiança que o mercado deposita na agência de classificação de risco não está diretamente relacionada à regulação estatal, mas à reputação adquirida em virtude da qualidade dos serviços prestados. O parecer acerca do *rating* deve ter uma opinião bem fundamentada, independente e consistente, que trate das probabilidades (e não das certezas) relativas à condição geral dos negócios e acerca da capacidade de pagamento de um devedor ou emissor de títulos.

5. **Originadores.** Os originadores, também denominados cedentes, em regra, são empresas de qualquer ramo de atividade que necessitam de recursos no curto prazo e têm uma carteira de recebíveis de múltiplas espécies. Esses recebíveis futuros são resultados de suas operações realizadas e faturadas, mas cujo vencimento ocorrerá em data futura. Os recebíveis futuros oriundos das operações são utilizados como lastro dos títulos que a SPE emitirá. Os originadores auferem benefícios como a manutenção dos níveis de endividamento, uma vez que a captação dos recursos é originária de ativos, ao mesmo tempo que não incorre em riscos de crédito ou de liquidez porque o fluxo de caixa de recebíveis é transferido definitivamente para os investidores.

6. **Custodiante.** A custodiante é a empresa credenciada pela Comissão de Valores Mobiliários (CVM) que realiza a intermediação das operações financeiras no mercado financeiro. Ela atua como custodiante dos títulos e valores mobiliários, ou seja, como depositária de ações de companhias abertas, debêntures, cota de fundos de direito creditórios e imobiliários, bem como de outros títulos de renda fixa de colocação privada. É a entidade que faz o pagamento aos investidores com os valores provenientes do fluxo gerado pelo instrumento de securitização.

7. *Servicer.* É a instituição contratada pela empresa emissora dos recebíveis para a prestação de serviços como o processamento de pagamentos recebidos (relativos à carteira de ativos-lastro) e efetuados (direcionados aos investidores nas debêntures). No escopo de sua atuação, eventualmente incluem-se a preparação de relatórios, a avaliação de imóveis dados como garantia adicional, a formalização de créditos e suporte à formalização de contratos e outras atividades que porventura sejam necessárias à boa condução das operações. Não raro, o próprio originador dos ativos securitizados atua como *servicer.* Na eventual impossibilidade de o *servicer* continuar com a função de gestor dos ativos, deve ser prevista uma empresa substituta, igualmente qualificada, passível de exercer a mesma atividade para que não ocorra uma descontinuidade prejudicial ao processo.

8. **Auditor.** É o agente responsável pela realização de auditorias e certificações de conformidade e autenticidade das documentações provenientes dos originadores, dos emissores e dos órgãos destinados à cobrança dos títulos. Também devem emitir os relatórios de consubstanciação[5] e pareceres técnicos. Nas operações de securitização, é fundamental a atuação do auditor independente, pois seus relatórios de análises dos procedimentos contábeis das companhias permitem aos investidores verificar a veracidade das informações relatadas pela entidade emissora. Tal função assume maior relevância em face da emissão de valores mobiliários por companhias abertas, como é o caso também das SPEs operadoras de concessões, e quando há a participação de fundos de investimentos em direitos creditórios no aporte de recursos via aquisição de debêntures. A auditoria independente é uma atividade essencial para assegurar a manutenção da integridade dos títulos mobiliários emitidos, bem como a fidedignidade das informações sobre as movimentações financeiras e dos ativos em determinado período. Uma auditoria das demonstrações contábeis correta deve enfatizar a análise dos sistemas de controle internos das diversas áreas, dos procedimentos contábeis adotados e dos critérios e procedimentos relacionados com as obrigações tributárias, trabalhistas e previdenciárias.

As exposições de riscos nas operações de securitização

Uma operação de securitização, como ocorre com qualquer estrutura financeira que dependa de um fluxo regular de pagamentos periódicos, possui riscos inerentes a essa característica.

De modo geral, é possível gerar diferentes combinações de risco e liquidez por meio da combinação dos direitos creditórios que integram a operação de securitização. Os recebíveis podem ser classificados da seguinte forma:

1. Recebíveis a performar: são os que resultam de um contrato futuro de entrega ou prestação de serviços.
2. Recebíveis performados: são aqueles em que a entrega ou prestação de serviços já ocorreu.
3. Recebíveis revolventes: são os que se referem à entrega ou prestação de serviços que exigem reposição, como os financiamentos de bens duráveis.

---

5. Procedimentos de consubstanciação: no âmbito da auditoria, consiste em executar, em uma base de amostras, alguns procedimentos de consubstanciação da informação através de obtenção de evidências sobre a informação reportada, bem como a leitura da informação, a fim de determinar se a mesma está de acordo com o conhecimento geral acerca do assunto, e a experiência com a performance de sustentabilidade da organização.

4. Recebíveis estáticos: são os que referem-se aos financiamentos de projetos de longo prazo.

Com base na classificação apresentada, os recebíveis considerados de maior risco são, simultaneamente, os do tipo a performar e os estáticos, dependendo também dos perfis dos cedentes e dos sacados[6] a eles associados.

A primeira etapa do procedimento de avaliação de riscos nas operações de securitização compreende a análise da qualidade de crédito dos recebíveis empregados como lastro da operação.

A qualidade dos recebíveis depende da previsibilidade e estabilidade do fluxo de caixa da operação estruturada. Assim, além dos riscos de projeto (que são mitigados por *completion bonds*[7] ou garantias corporativas dos empreendedores), em regra, o principal determinante da estabilidade do fluxo de caixa é o impacto da regulação sobre a estabilidade da receita. Nessa análise da qualidade do crédito são avaliados os seguintes aspectos:

1. A proporção dos ativos sujeita à inadimplência ou perda diante de um cenário base de ocorrência (aquele mais provável) e diante de um eventual cenário de estresse, levando-se em consideração também o nível de risco tolerado pelo investidor.
2. A formulação de uma estimativa conservadora sobre recuperação de créditos inadimplidos, bem como o tempo para a sua recuperação e os custos envolvidos.
3. O emprego de múltiplas ferramentas quantitativas de análise de riscos, tais como os VaRs (*Value at Risk*) paramétrico e não paramétrico, a simulação de Montecarlo, a análise de crédito por devedor, a análise comparativa, a análise de cenários e outras técnicas.
4. Algumas adaptações poderão ser realizadas por ocasião da formulação de premissas e também durante o estabelecimento de "pesos" aos parâmetros de decisão, conforme a categoria dos ativos em análise, bem como diante dos históricos de pagamentos disponíveis.
5. Análise dos prazos de pagamento e das condições de repagamento (definidas após renegociação da dívida entre o credor e o devedor).
6. Análise de aspectos legais e jurídicos que podem afetar o fluxo de caixa dos ativos ao longo do tempo de sua maturação.

---

6. O cedente é o credor do recebível, ou seja, aquele que tem a receber do sacado um valor financeiro. O sacado é o devedor do recebível, ou seja, aquele que tem a pagar ao cedente um valor financeiro.
7. *Completion bonds* são garantias cedidas pelo contratante do empréstimo ao agente financeiro com o fim de assegurar que uma obra ou projeto serão finalizados. É um instrumento que faz parte da carteira de seguros-garantia, como a garantia judicial ou os *performance bonds*.

7. Avaliação dos critérios de elegibilidade dos recebíveis e da seleção de carteiras, em especial em operações revolventes.[8]
8. Análise das tendências de desempenho de médio e longo prazos em virtude das políticas de originação do cedente.

A etapa seguinte do procedimento de avaliação de riscos nas operações de securitização consiste na verificação dos riscos legais e regulatórios. Nesse sentido, o primeiro aspecto a ser observado consiste na avaliação sobre o efetivo isolamento dos ativos securitizados quanto à potencial falência de qualquer participante da operação (o cedente e outras contrapartes eventuais).

Isso deve ser observado pois a cessão dos ativos tem papel fundamental na fase inicial da securitização, já que é por meio dela que é possível segregar o patrimônio envolvido na operação. Essa transferência possibilita desvincular os créditos que respondem pelo pagamento da remuneração e resgate dos títulos aos investidores, separando-os do patrimônio geral do originador, a fim de protegê-lo de eventuais credores.

Para que a segurança da operação seja reforçada, os créditos devem, realmente, sair do domínio do originador e passar, efetivamente, ao emissor. Essa completa transferência denomina-se, no direito norte-americano, de operações *true sale*.[9]

Não obstante, a não ser em casos especiais e previstos em lei, a simples segregação do ativo no balanço do originador não é suficiente para dar à operação a segurança que lhe é inerente. É necessário que a cessão desses ativos verifique-se de forma efetiva para que deixem de integrar o patrimônio do originador e passem a integrar o patrimônio da entidade responsável por emitir títulos ou valores mobiliários lastreados nesses créditos, ou seja, a entidade securitizadora.

Além disso, quanto aos riscos legais e regulatórios, a documentação envolvendo a operação deve ser revisada em razão da complexidade das relações contratuais. Isto gera a obrigação de proceder rigoroso acompanhamento, revisão e monitoramento de legislação e normativos aplicáveis a cada estrutura e classe de ativos (tais como as instruções normativas da CVM, CMN, Banco Central etc.). Por fim, ainda nesse quesito, são avaliados os riscos relacionados à solvência da

---

8. Conceito que surgiu em razão da necessidade de conciliar o descasamento de prazos de vencimento do título emitido (debênture) com os ativos que lhe servem de lastro. Em razão da revolvência, o participante da operação se obriga a incluir novos lastros ou substituí-los durante o prazo de vigência do título.
9. *True sale* é toda cessão de créditos considerada final e definitiva no caso de, em uma operação de securitização, ocorrer a falência da cedente. Se a cessão dos créditos é uma *true sale*, caso se verifique a falência, os créditos não são arrecadados em face da massa falida, e os investidores que adquiriram os títulos lastreados nesses créditos não são afetados. Caso contrário, a operação é considerada meramente um empréstimo para a cessionária e, como consequência, os direitos creditórios são tidos como ainda de propriedade da cedente.

securitizadora e a possibilidade de concorrência entre credores fiscais, previdenciários e trabalhistas com os titulares dos recebíveis.

O terceiro aspecto a ser considerado na análise de riscos no processo de securitização é a verificação da estrutura de pagamento e do fluxo de caixa gerado pelas operações. Isso significa que é preciso compreender a ordem de alocação dos fluxos gerados pelos ativos, assim como a forma pela qual os investidores subordinados recebem distribuição de juros e amortização de principal.

Também é importante verificar se as despesas orçadas no âmbito do programa são adequadas para remunerar os participantes, ou seja, o administrador, o custodiante, o gestor e outros agentes eventuais. Além disso, pode ocorrer de os sacados resolverem antecipar o pagamento de alguns recebíveis (já que, com isso, se beneficiam do desconto sobre os juros devidos), o que faz necessário conhecer todos os possíveis eventos de avaliação e de liquidação antecipada. Eventuais alterações na ordem de prioridade da destinação dos fluxos de caixa também devem ser acompanhadas. É necessário estabelecer alguns gatilhos de desempenho para acionar medidas acautelatórias, e os principais deles são: os indicadores de inadimplência, a razão de garantia/sobrecolateralização, os indicadores de liquidez e os eventos de quebra de contratos relevantes.

Por fim, ainda dentro do quesito de verificação da estrutura de pagamento e do fluxo de caixa gerado pelas operações, é preciso estimar eventuais riscos de descasamento de taxas e prazos entre ativos e passivos (o caso mais comum seria entre, por um lado, um ativo pré-fixado, e, por outro, cotas vinculadas ao CDI). Há também a necessidade de identificar eventuais riscos de pré-pagamento ou de aquisição de ativos com desconto (antecipação de resultado).

O quarto aspecto da avaliação de riscos nas operações de securitização trata da ocorrência dos riscos operacionais e administrativos (*servicing*), que podem ser eventuais problemas nas atividades de originação (especialmente em operações revolventes) de cobrança, recebimento e monitoramento dos fluxos de caixa, administração de devedores inadimplentes, emissão de relatórios periódicos ao investidor e liquidação e revenda de ativos.

Não se pode descurar da identificação de eventuais riscos operacionais remanescentes especificamente quanto ao cedente: originação, cobrança e recebimento (fungibilidade de caixa) e administração de recebíveis em atraso. Ademais, como a figura do *servicer* independente é pouco comum no Brasil, não custa lembrar que o aumento da complexidade do ativo aumenta o risco de *servicing*. Por essa razão, é importante considerar eventuais *players* alternativos no caso de falência do *servicer*. Deve ser observado como está a divisão efetiva de papéis no processo entre o gestor, o administrador, o custodiante e o próprio cedente.

Como quinto e último quesito relevante a destacar na identificação dos riscos no processo de securitização, existem os riscos de contraparte. Nesta análise é preciso conhecer o risco associado à instituição financeira na qual é mantida a conta corrente do programa de securitização. Esse risco pode ocorrer em virtude da ausência do conceito de *trust account* no Brasil (em razão da falta de instituto jurídico similar, os depósitos à vista poderiam ser congelados e eventualmente incorporados à massa falida do banco custodiante). É preciso identificar o risco de fungibilidade que se manifesta quando a cobrança ocorre em conta corrente de titularidade do cedente. Devem ser conhecidos os eventuais provedores de garantias financeiras, apólices de seguro, contraparte em derivativos (proteção contra variação cambial e de taxas de juros), bem como identificar operações cujos ativos estão concentrados em um único devedor.

As medidas de verificação de riscos apresentadas não fazem parte de uma lista fechada, mas são as mais comuns adotadas no mercado financeiro atualmente. Com o aumento da sofisticação das operações estruturadas, outras possibilidades podem ser incorporadas.

capítulo 4

O papel do parceiro público nas concessões

Há, no ambiente político brasileiro, certa euforia relacionada às parcerias público-privadas (PPPs), como se tal instrumento fosse a solução para todos os problemas de restrições orçamentárias e de gestão pelos quais passam os entes das três esferas de governo. Não é bem assim. Existem muitos benefícios decorrentes do emprego adequado desse instrumento de parceria, mas o ponto fundamental reside na sua correta concepção e estruturação.

Não custa lembrar que as PPPs são apenas uma nova modalidade de concessão, semelhante ao instrumento previsto na Lei de Concessões de 1995 que ficou muito malvista em virtude da ojeriza ideológica movida pela esquerda brasileira, ao que denominavam "privatização" do patrimônio público. O tempo, que é senhor da razão, demonstrou anos depois o verdadeiro significado da "privatização" da "coisa pública", quando muitos dos que outrora vituperavam contra as concessões foram conduzidos à prisão em decorrência de crimes praticados contra a administração pública.

O que caracteriza a PPP e a distingue da concessão tradicional é o fato de haver obrigatoriedade de aporte de recursos do parceiro público ao parceiro privado, já que o retorno financeiro dos investimentos e os gastos operacionais do parceiro privado não seriam supridos apenas com receitas próprias. Sendo assim, o primeiro aspecto a ser considerado na fase de concepção inicial é saber, por meio de um estudo de viabilidade técnica, econômica e ambiental (EVTEA), se a operação é uma concessão tradicional ou uma das modalidades de PPP.

Por definição, as PPPs são associações entre os setores público e privado, nas quais as partes contratantes trabalham em conjunto para benefício mútuo, de acordo com regras previamente estabelecidas. O grande impacto das PPPs sobre as finanças dos entes públicos é o fato de elas configurarem fonte de financiamento de novos investimentos, uma vez que caberá ao parceiro privado arcar com os custos iniciais de implantação e de operação do serviço público concedido, ficando os aportes de verbas públicas condicionados ao efetivo início da prestação do serviço.

Com o advento da Lei nº 11.079/04, foram instituídas duas modalidades de contrato de PPP: a concessão patrocinada e a concessão administrativa. A concessão patrocinada, para efeitos práticos, é análoga à concessão de serviços públicos ou de obras públicas de que trata a Lei de Concessões (Lei nº 8.987, de 13 de fevereiro de 1995), com a particularidade de prever, adicionalmente à tarifa cobrada dos usuários, uma contraprestação pecuniária do parceiro público ao parceiro privado. Isso ocorre para que o empreendimento possa auferir uma taxa de retorno atrativa ao parceiro privado. Por sua vez, a concessão administrativa constitui-se em um contrato de prestação de serviços no qual a administração pública é a usuária direta ou indireta, ainda que envolva execução de obra ou fornecimento e instalação de bens. Por essa razão, na concessão administrativa toda a remuneração do empreendimento deve partir do parceiro público.

Características de uma PPP a serem observadas nos contratos

De acordo com a legislação (Lei nº 11.079/04), para que um projeto seja objeto de consideração para uma PPP, é necessário que ele atenda às seguintes características e aspectos contratuais:

1. Seja de valor superior a R$ 20 milhões (vinte milhões de reais).
2. O prazo de vigência das operações seja de cinco anos, no mínimo, e de 35 anos no máximo, incluindo-se nesse prazo eventuais prorrogações.
3. Estabeleça que o pagamento de qualquer remuneração por parte do parceiro público ao parceiro privado somente se verifique após a disponibilização do serviço objeto da parceria.

4. Estabeleça cláusulas que permitam o pagamento de remuneração variável por parte do parceiro público ao parceiro privado, vinculada ao seu desempenho, o que estimularia seu constante aprimoramento e também evitaria redução da qualidade do serviço prestado. Para que isso seja factível, é necessário prever os critérios objetivos de avaliação do desempenho do parceiro privado.
5. Para aumentar a viabilidade do empreendimento pretendido, é preciso haver compartilhamento de risco entre o parceiro público e o parceiro privado. Não obstante, é necessário que o parceiro privado faça uma prestação de garantias de execução e que elas sejam suficientes e compatíveis com os ônus e os riscos envolvidos.
6. Ainda com o objetivo de aumentar a atratividade do empreendimento, é necessário assegurar a adimplência das obrigações financeiras do parceiro público ao parceiro privado instituindo um fundo garantidor. Nesse sentido, é preciso também definir os casos que caracterizem a inadimplência pecuniária do parceiro público, os modos e o prazo de regularização e, quando houver, a forma de acionamento da garantia.
7. Demonstre evidências de que o empreendimento pretendido tem sustentabilidade financeira, bem como destaque as vantagens socioeconômicas dos projetos de parceria.
8. Estabeleça modelo de governança que assegure eficiência do emprego de recursos públicos, atendimento e respeito aos interesses e direitos dos destinatários dos serviços e dos entes privados incumbidos da sua execução, bem como assegure os procedimentos de responsabilidade fiscal e transparência dos procedimentos com rigorosos procedimentos de *compliance*.[1]
9. Destaque que, no procedimento, haja total indelegabilidade das funções de regulação, de ação jurisdicional, do exercício do poder de polícia e de outras atividades exclusivas do Estado.
10. Promova a segurança jurídica definindo com clareza as formas de remuneração e de atualização dos valores contratuais, além de prever os mecanismos institucionais que viabilizarão a preservação da atualidade da prestação dos serviços em face de eventuais mudanças conjunturais.

---

1. Nos âmbitos institucional e corporativo, o *compliance* representa o conjunto de disciplinas para fazer cumprir as normas legais e regulamentares, as políticas e as diretrizes estabelecidas para o negócio e para as atividades da instituição ou empresa, bem como evitar, detectar e tratar qualquer desvio ou inconformidade que possa ocorrer. O termo *compliance* tem origem no verbo em inglês "*to comply*", que significa agir de acordo com uma regra, uma instrução interna, um comando ou um pedido.

Um aspecto muito importante que deve ser observado pelos entes da federação que pretenderem desenvolver parcerias público-privadas é instituir, na sua esfera de competência, um órgão gestor de parcerias público-privadas em conformidade com o que dispõe, para a esfera federal, o art. 14 da Lei nº 11.079/04. Nesse sentido, os entes das demais esferas de governo também devem constituir seus respectivos órgãos gestores de PPPs. Em regra, eles são denominados conselhos gestores de parcerias público-privadas (CGP) nas três esferas de governo.

Os conselhos são integrados por dirigentes de distintos órgãos da administração pública correspondente, em especial o chefe da casa civil (ou equivalente), os representantes dos órgãos responsáveis pelo planejamento, orçamento e fazenda e demais partícipes julgados relevantes para a eficácia dos procedimentos. Dentre as principais atribuições do conselho gestor de PPPs, destacam-se: definir os serviços prioritários para execução no regime de parceria público-privada, disciplinar os procedimentos para celebração desses contratos, autorizar a abertura da licitação e aprovar seu edital, e apreciar os relatórios de execução dos contratos.

Os procedimentos licitatórios relativos às PPPs

O ente público que pretender realizar uma PPP deverá fazer um certame para a sua contratação em conformidade com a Lei de Licitações e Contratos Administrativos (atualmente a Lei nº 8.666/93).

Não obstante, também deverão ser observados alguns procedimentos adicionais. Por exemplo, o julgamento dos licitantes poderá ser precedido de etapa de qualificação de propostas técnicas, na qual será possível desclassificar aqueles que não alcançarem a pontuação mínima, impedindo-os de participar das etapas seguintes. Em regra, o julgamento das propostas poderá adotar dois critérios:

1. Menor valor da contraprestação a ser paga pela administração pública.
2. Melhor proposta em razão da combinação do critério da alínea com o de melhor técnica, de acordo com os pesos estabelecidos no edital.

Quanto à elaboração do edital, o mesmo definirá a forma de apresentação das propostas econômicas, sendo admitidas propostas escritas em envelopes lacrados ou propostas escritas seguidas de lances em viva voz. No último caso, os lances em viva voz serão sempre oferecidos na ordem inversa da classificação das propostas escritas, não sendo permitida, como regra geral, qualquer vedação de quantidade de lances no edital. Destarte, é admitida uma exceção para a introdução de restrição no edital na hipótese de que apenas sejam consentidos os lances em viva voz aos licitantes cuja proposta escrita for no máximo 20% maior que o valor da melhor proposta.

Além disso, o edital poderá prever a possibilidade de saneamento de falhas, bem como de complementação de insuficiências ou ainda de correções de caráter formal no curso do procedimento, desde que o licitante satisfaça as exigências dentro do prazo fixado no instrumento convocatório.

Por fim, admite-se a possibilidade de inversão da ordem das fases de habilitação e julgamento. Quando isso se verificar, uma vez encerrada a fase de classificação das propostas ou o oferecimento de lances, será aberto o envelope com os documentos de habilitação do licitante mais bem classificado para verificação do atendimento das condições fixadas no edital. Se for constatado o atendimento das exigências do edital, o licitante será declarado vencedor. Se porventura o licitante melhor classificado for inabilitado, serão analisados os documentos habilitatórios do licitante com a proposta classificada em segundo lugar, e assim, sucessivamente, até que um licitante classificado atenda às condições fixadas no edital. Sendo proclamado o resultado final da licitação, o objeto será adjudicado ao vencedor nas condições técnicas e econômicas por ele ofertadas.

Etapas para implementação de uma PPP em ente público

Passamos a apresentar algumas das etapas que, em regra, um ente público deverá sequenciar para viabilizar a implementação de uma parceria público-privada. Não se trata de uma regra absoluta ou de uma sequência rígida de fases, mas de um conjunto de passos que assegurarão o êxito de uma empreitada complexa como é o caso da implementação de uma PPP.

Como primeiro passo, é preciso vencer a etapa de concepção inicial, em alguns casos também denominada de pré-enquadramento (para o caso de entes públicos que já têm uma estrutura administrativa para gerenciar PPPs). Nessa etapa, o órgão público que pretende se beneficiar de uma contratação de parceria público-privada elabora a proposta preliminar, que é encaminhada para a apreciação do conselho gestor de PPPs, previamente constituído. Então, o conselho, se for o caso, concede autorização para a elaboração de um estudo técnico. A proposta preliminar é um referencial de informações para a avaliação inicial do projeto. Ela deve conter uma descrição da realidade problematizada que se pretende intervir, assim como um conjunto básico de informações para a avaliação inicial do projeto. Dentre os quesitos que devem ser contemplados na proposta, estão:

1. **Caracterização da situação-problema:** Faz parte da doutrina de elaboração dos orçamentos públicos, também considerados planos plurianuais, a identificação do que a doutrina denomina por "realidade problematizada". Uma vez identificados os problemas nessa realidade objetiva, as soluções para eles devem ser supridas pelos resultados de projetos. Um desses projetos poderia ser, eventualmente, uma PPP.

2. **Definição de objetivos e metas que deverão ser atingidos:** Tal procedimento visa tanto dar um direcionamento para os gestores do projeto como para seu controle e auditoria, já que deverão também ser declarados os seus indicadores de desempenho para que possa ser avaliada *a posteriori*.
3. **Caracterização da PPP quanto à sua modalidade, montante e duração:** Etapa para definir a modalidade de PPP ou mesmo demonstrar que se trata de fato de uma PPP e não uma concessão tradicional, o valor do investimento requerido para a implementação e o prazo de duração da operação a ser concedida.
4. **Demonstração de aderência do projeto a planos de governo e também das vantagens a serem auferidas:** É o tópico que apresenta os devidos enquadramentos nos planos governamentais, tais como PPAs, planos diretores, planos urbanísticos regionais (PURs) e outros. Além disso, é preciso destacar que há interesse público na efetivação da proposta.
5. **Descrição dos enquadramentos do projeto nos aspectos legais:** Apresentar uma demonstração de que o projeto insere-se nos aspectos contidos na legislação de referência.

Nesta etapa, há o propósito de subsidiar os agentes decisores, que, em regra, integram o conselho gestor de PPPs do ente público em questão, quanto aos principais elementos de definição do projeto que venham a justificar o prosseguimento do seu desenvolvimento. Há também a possibilidade de, neste estágio, a iniciativa privada também se manifestar ao órgão público do ente estatal que pretende implementar a PPP declarando seu interesse na operação que será objeto de parceria.

A proposta preliminar então é apreciada e avaliada pelo conselho gestor de PPPs do ente público, que deverá se pronunciar acerca de sua pertinência e de sua consistência metodológica e conceitual. Uma vez aceita a proposta preliminar, o conselho gestor de PPPs sugere a realização de um estudo técnico mais aprofundado, tendo em vista o detalhamento minucioso do projeto de PPP pretendido.

Elaboração do estudo técnico

O estudo técnico consiste, basicamente, em um plano de negócios da operação pretendida com escopo ampliado, em virtude de aspectos específicos da administração pública, tais como as exigências dos órgãos ambientais, do ministério público e de outros órgãos de controle. Nos capítulos seguintes serão detalhados os elementos constitutivos do estudo de viabilidade técnica, econômica e ambiental (EVTEA) e da análise de riscos de tal forma que, no presente tópico, será realizada apenas uma breve descrição do seu conteúdo.

Destarte, em virtude da complexidade dos temas tratados, bem como dos requisitos de interdisciplinaridade e multidisciplinaridade envolvidos, é conveniente que o órgão proponente da PPP contrate o estudo técnico junto a terceiros, ou seja, uma consultoria especializada. A contratação de uma consultoria é justificável não só em razão do grau de complexidade exigido nesse tipo de assunto, mas também por ser necessário o parecer ou o aval de agente externo para que se tenha maior segurança na tomada de decisão, dados os riscos inerentes a uma PPP.

Não há, propriamente, um modelo fechado do projeto de plano de negócios para uma operação de PPP. Vários exemplos podem ser adaptados para este fim. Alguns entes estatais elaboraram seus próprios manuais de parceiras público-privadas, como o que é adotado pelo Governo do Estado do Rio de Janeiro desde 2008. No manual (CASTELLO BRANCO, LO FIEGO e ALVES, 2008), encontramos os seguintes tópicos orientadores para os analistas que vão elaborar o estudo técnico de PPP: uma análise de demanda, o dimensionamento da oferta, um projeto básico de engenharia, a especificação do serviço, os indicadores de desempenho, uma matriz de risco, um relatório de avaliação financeira e avaliação econômica, o estudo e relatório de impacto ambiental e, por fim, uma minuta de edital de licitação da concessão.

A apresentação da análise da demanda é uma estimativa acerca do universo de beneficiários que deverão ser atendidos pela operação a ser concedida, de tal forma que se estabeleça o dimensionamento da oferta dos serviços. Na estimativa do volume a ser ofertado pela futura operação concedida devem ser levadas em consideração, dentre outras, as seguintes fontes de informação: o consumo histórico do serviço, as preferências do consumidor, a disposição a pagar pelo serviço, a demanda não atendida, as eventuais categorias ou classes do serviço (para efeito de precificação), a área geográfica atendida pelo serviço e externalidades geradas com a entrada em operação.

Em seguida ao estudo da demanda pelo serviço é necessário desenvolver um plano de dimensionamento da oferta de serviços que serão prestados, cujos volumes deverão estar fisicamente discriminados e quantificados por meio de um projeto de engenharia. Não obstante, enquanto o projeto básico deve ser parte integrante do estudo técnico, a elaboração do projeto executivo de engenharia, em regra, deverá ser desenvolvido pelo parceiro privado.

O estudo técnico também precisa ter um projeto básico de engenharia, que deverá contemplar os seguintes quesitos:

1. Apresentação do desenvolvimento da solução escolhida.
2. Requisitos técnicos mínimos, globais e localizados, para as facilidades que serão construídas (e posteriormente operadas pelo parceiro privado).

3. Identificação dos tipos de serviços a executar, bem como a especificação dos materiais e equipamentos que serão incorporados ao ativo a ser construído.
4. Estudos sobre as condições de solo e topografia, bem como a definição acerca dos métodos construtivos a serem adotados.
5. Bases de dados e informações que ofereçam subsídios para a elaboração do plano de licitação e gestão das obras a serem empreendidas.
6. Orçamento detalhado do custo global da obra, fundamentado em quantitativos de serviços e fornecimentos de materiais propriamente avaliados.

O próximo item do estudo técnico consiste na definição dos requisitos de prestação dos serviços que serão oferecidos por intermédio da PPP. Deverão ser identificados e desenvolvidos os requisitos exigidos para prestação dos serviços previstos no projeto da PPP, levando-se em conta, entre outros aspectos, a demanda a ser atendida, o nível de qualidade desejado, os parâmetros para *benchmarking* com as melhores práticas conhecidas, comparações de custos e outras considerações eventualmente arguidas.

Uma vez que não é possível avaliar aquilo que não se mede, estabelecer indicadores de desempenho constitui-se em elemento fundamental para o posterior controle da gestão. Dessa forma, os requisitos de prestação dos serviços devem ter um ou mais indicadores de desempenho. Para atender a essa condição, o estudo técnico deverá desenvolver um painel de indicadores de desempenho representado por um conjunto de métricas mensuráveis (subindicadores, indicadores, subnotas, notas, subíndices, índices, parâmetros, subtotalizadores, totalizadores, supertotalizadores etc.), que deverão ser empregados para a mensuração da disponibilidade e do desempenho operacional do parceiro privado com a caracterização do padrão aceitável, bem como das consequências que devem advir decorrentes do eventual caso de não conformidade na execução do contrato de PPP. Os indicadores de desempenho devem prioritariamente cobrir as seguintes áreas: operacional, ambiental, social e financeira.

Ainda no estudo técnico deverá ser apresentada uma matriz de riscos. Ela é basicamente um quadro de referência no qual são elencados todos os riscos identificados na operação de acordo com classificações consagradas pela doutrina de gestão de riscos. Em seguida, cada tipo de risco identificado é caracterizado, bem como são evidenciadas as consequências de sua eventual ocorrência. O passo seguinte consiste em descrever quais são as medidas mitigadoras possíveis para cada tipo de risco. Por fim, o quadro de referência deve declarar qual o parceiro que deverá suportar o ônus dos riscos descritos.

Quanto aos aspectos de caráter ambiental, o estudo técnico deverá se manifestar conforme duas hipóteses possíveis: projetos de PPP com baixo impacto ambiental e projetos de PPP com elevado impacto ambiental. Todas as normas ambientais em vigor devem ser obedecidas.

Para os casos de PPP com baixo impacto ambiental, o estudo técnico deverá estabelecer os critérios básicos que deverão orientar o parceiro privado na elaboração do estudo de impacto ambiental (EIA) e do relatório de impacto ambiental (RIMA), ou, alternativamente, se for o caso, orientar quanto à elaboração de um relatório ambiental simplificado (RAS). Esses relatórios deverão ser submetidos à aprovação das instâncias competentes.

Por sua vez, nos casos de PPP com alto impacto ambiental, o estudo de impacto ambiental (EIA) e o relatório de impacto ambiental (RIMA) deverão ser realizados pela consultoria especializada que elabora o estudo técnico, incorporando todas as recomendações dos órgãos ambientais afins, além de obedecidas a legislação pertinente e as normas técnicas brasileiras.

Contempladas todas essas questões no estudo técnico, o órgão interessado encaminhará o projeto à consulta pública, e solicitará, por meio de ofício, aos diversos órgãos da administração estadual os pareceres referentes às análises pertinentes a cada um desses órgãos.

Por fim, contempladas as aprovações finais do estudo técnico, que consolida todos os aspectos necessários para a avaliação de mérito do projeto e elaboração do edital, este último deverá ser submetido à consulta pública, por meio de publicação na imprensa oficial, jornais de grande circulação e também por meio eletrônico, devendo ser informada a justificativa para a contratação, bem como a identificação do objeto, o prazo de duração do contrato e seu valor estimado. Em regra, concede-se o prazo mínimo de 30 (trinta) dias corridos para recebimento de sugestões. Realizados todos os ajustes finais, o processo deve ser ainda submetido a todas as secretarias de governo que tenham interesse e interlocução no projeto, bem como à procuradoria do ente público.

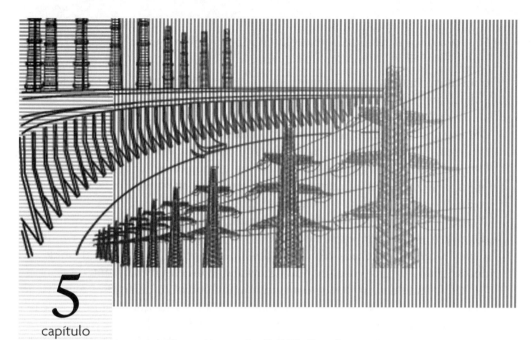

5 capítulo

Estudo de viabilidade técnica, econômica e ambiental (EVTEA): caracterização e definição dos custos de implantação e processo de licenciamento ambiental

Neste capítulo, vamos apresentar uma série de aspectos que devem ser considerados por ocasião da elaboração do estudo de viabilidade técnica, econômica e ambiental que deverá integrar qualquer modelagem de concessão de ativos públicos, seja sob a forma da Lei de Concessões de 1995, seja nos termos da Lei de Parcerias Público-Privadas, de 2004.

O estudo de viabilidade técnica, econômica e ambiental (EVTEA) constitui-se em uma etapa imprescindível para a instalação de empreendimentos de infraestrutura, como ocorre com os ativos públicos disponíveis para concessão, em especial os que envolvem a concessão de rodovias que demandam duplicação, túneis ferroviários, barragens para geração hidroelétrica e as infraestruturas do setor logístico-portuário. Em operações cujas obras estruturais impactam fortemente o meio ambiente e o ecossistema ao redor, o detalhamento do estudo vem sendo cada vez mais exigido.

O resultado de um EVTEA é um documento compreendendo diversos estudos de caráter multidisciplinar, envolvendo as diversas áreas de engenharia e os aspectos socioeconômicos e ambientais. O EVTEA também tem grande importância ao garantir subsídio ao desenvolvimento do projeto de instalação e para as operações do empreendimento, já que identifica a alternativa mais viável para a sociedade entre as soluções elencadas preliminarmente.

Um EVTEA precisa ter abrangência suficiente para assegurar a compatibilidade com todos os investimentos previstos nas áreas de influência por todos os atores e agentes públicos e/ou privados que planejam ou executam obras que necessitarão de demandas no local de instalação do empreendimento.

Um estudo de viabilidade compreende um conjunto de análises e avaliações sob os aspectos técnico, legal e econômico, de tal forma que promova seleção e recomendação de alternativas para a concepção dos projetos.

Por meio desse estudo é possível verificar se o projeto, a localização, a legislação, os custos e os investimentos são executáveis e compatíveis com os objetivos do proponente.

Para a sua efetivação, será necessário realizar uma estimativa de custos, bem como uma avaliação do impacto ambiental do empreendimento, as eventuais relações de custo-benefício, definição dos prazos para a elaboração dos projetos e para a execução da obra, a origem dos recursos para realizá-los e a verificação quanto aos aspectos legais e de legislação específica.

Há um aspecto importante a ser destacado, que é o fato de não haver sentido algum executar análises econômica e financeira de soluções ainda não viáveis tecnicamente. Em termos de uma sequência organizada de condução de projetos de engenharia relativos à infraestrutura, tem-se que o estudo da viabilidade possui uma fase inicial de **planejamento do projeto** na qual objetivos técnicos, econômicos e financeiros terão sido consensualmente estabelecidos pela entidade que realiza o estudo e pela empresa contratante.

Em seguida, deverão ser explicitadas as funcionalidades da infraestrutura a ser desenvolvida, bem como a definição de suas partes constitutivas e modelos construtivos. O passo seguinte consiste em elencar as propostas de soluções possíveis para cada uma dessas partes constitutivas e modelos construtivos. Tais propostas podem ser coligidas de forma mais efetiva mediante o emprego de ferramentas como as sessões de *brainstorming* ou mesmo painéis Delphi.[1]

---

1. O método Delphi entende que as previsões feitas por um grupo estruturado de especialistas são mais precisas se comparadas às provenientes de grupos não estruturados ou individuais. A técnica pode ser adaptada para uso em encontros presenciais, sendo então denominada de mini-Delphi ou *estimate-talk-estimate* (ETE). O método Delphi é largamente utilizado para previsões empresariais e tem algumas vantagens sobre outras abordagens de previsões estruturadas em mercados preditivos. A técnica de Delphi é frequentemente citada em manuais de gerenciamento de riscos em projetos.

Nessa etapa do processo poderão surgir algumas soluções inovadoras, capazes de aumentar a eficiência do processo como um todo. Como resultado, deve ser produzido um documento elencando e organizando as soluções propostas para cada etapa do projeto a fim de constituir um quadro de referência, também chamada de matriz de síntese, formando um conjunto de soluções técnicas possíveis para o projeto da infraestrutura desejada.

Com o quadro de referência disponível, parte-se para a análise técnica, que começará pela avaliação da capacidade de cada uma das soluções em atendera os requisitos técnicos, funcionais e operacionais estabelecidos no planejamento. Essa tarefa consiste em verificar se cada solução proposta poderá atender aos requisitos operacionais desejados, tais como o desempenho, a segurança, a confiabilidade, a qualidade percebida e todos os outros porventura explicitados.

A minuciosa análise de todos esses quesitos deverá produzir conclusões positivas ou negativas acerca das questões suscitadas, que, por sua vez, deverão também ser completamente documentadas. Essa providência será mais simples em projetos tradicionais, mas exigirá empenho, competência e poderosos recursos técnicos no caso de **soluções inovadoras**. Os relatórios, por sua vez, evidenciarão distintas configurações que poderão variar desde uma simples nota sobre pesquisa bibliográfica até extensos conteúdos baseados nos resultados de testes e simulações. O produto dessa etapa do trabalho será um conjunto de soluções viáveis em termos de atendimento aos requisitos técnicos especificados.

Num estudo de EVTEA são apresentadas e confrontadas as alternativas técnicas e um cronograma de execução física do projeto, com discriminação por etapa e por categoria de gastos. Por sua vez, as alternativas técnicas avaliadas para a implantação do projeto de infraestrutura pretendido situam-se em um nível mais restrito que o das alternativas possíveis de alcance da finalidade. Enquanto as últimas tratam das diversas prescrições aventadas para se tornarem projeto, as primeiras, ou seja, as de caráter técnico específico, cuidam das escolhas dentro da alternativa selecionada.

Por exemplo, para um problema viário, as alternativas possíveis podem ser rodovias, ferrovias e hidrovias. Se for escolhida a modalidade rodoviária como solução, as alternativas técnicas explicarão como se decidiu o número de faixas de rolagem ou o tipo de cobertura do leito. Dentre as características técnicas, destacamos os seguintes quesitos:

- Exposição das características técnicas do projeto, compreendendo:
    a) Alternativas técnicas avaliadas para a implantação do projeto (inclusive a fim de reduzir custos e minimizar os impactos ambientais);
    b) descrição técnica do projeto; e
    c) vida útil estimada para o empreendimento.

No caso específico de uma rodovia, um estudo de viabilidade técnica, econômica e ambiental deverá considerar aspectos peculiares a esse tipo de infraestrutura. Assim, o estudo deverá demonstrar se a alternativa escolhida, sob o enfoque de traçado e características técnicas e operacionais, oferece maior benefício que outras em termos de custos.

Adicionalmente, são fundamentais a realização de estudos relativos ao impacto da rodovia sobre o meio ambiente e a fixação de cronograma para a execução das obras, de acordo com a disponibilidade dos recursos financeiros.

Além disso, no caso de elaboração de anteprojeto das obras e análise de viabilidade de implantação de rodovia ou melhoramentos em rodovia existente, haverá necessidade de estimar o tráfego (atual e futuro), para que seja possível estabelecer as características técnicas e operacionais e fixar as possíveis diretrizes do eixo e locação planialtimétrica da rodovia.

A análise financeira

A análise financeira deve ser conduzida de forma que demonstre todas as despesas e receitas financeiras derivadas do projeto de infraestrutura e que impactam o fluxo de caixa da entidade. As projeções de receitas serão vistas mais detalhadamente no próximo capítulo. Quanto às despesas, seus montantes estão mais bem definidos em virtude dos dados históricos disponíveis, relativos aos custos de engenharia e construção. Em regra, o horizonte temporal a ser considerado deve ser equivalente à duração do contrato de concessão.

Antes de tudo são declarados os gastos com implantação. Para tanto, a equipe de análise deve informar os gastos anuais do projeto a preços de mercado constantes. Entende-se por preços constantes aqueles praticados em determinado momento do tempo tomado como referencial. Emprega-se um índice deflator para transformar preços de épocas distintas em preços referenciados.

Na descrição dos gastos com a implantação, eles devem estar discriminados em categorias e por etapa do projeto. Também é necessário informar os parâmetros referenciais de eficiência que foram considerados. Por exemplo, para um projeto de restauração de um trecho rodoviário, é possível indicar o gasto incorrido em uma restauração semelhante em outra localidade. Na sequência são informados os gastos com a operação. A equipe de analistas então informa os gastos operacionais anuais do empreendimento a preços de mercado constantes. Os gastos devem estar discriminados em categorias, para melhor entendimento do acompanhamento futuro da gestão e também para melhor informar os demais *stakeholders*.

Da mesma forma que em relação aos gastos com implantação, deve-se mencionar os parâmetros referenciais de eficiência considerados. Por exemplo, para um projeto de implantação de um presídio, pode-se indicar, na operação, o gasto com energia elétrica em uma instalação similar.

O item "receita" indica, se houver, a receita anual que se espera obter com o fornecimento do bem ou serviço a preços de mercado constantes. Os dados devem ser produzidos a partir da demanda futura projetada. Devem constar os critérios de determinação do preço do produto ou serviço a ser explorado, bem como a base legal para isso.

O item "fluxo de caixa financeiro" evidencia e apresenta, em base prospectiva, a série dos fluxos de caixa anuais, destacando os diversos custos e benefícios financeiros esperados durante as futuras operações. Os custos financeiros do projeto são iguais à soma dos gastos com implantação e dos gastos com operação no horizonte temporal definido. Os benefícios financeiros do projeto são iguais à receita, no mesmo horizonte temporal.

Uma vez definidas as projeções de fluxo de caixa, são apresentados os indicadores de performance que deverão balizar a tomada de decisão dos investidores. O primeiro desses indicadores é o valor presente líquido financeiro, que é calculado pela confrontação entre o valor presente dos benefícios financeiros, do qual deve ser subtraído o valor presente dos custos financeiros. Os cálculos devem ser feitos a partir do fluxo de caixa financeiro. A taxa de desconto a ser considerada (o custo de oportunidade do capital) será detalhada no próximo capítulo.

A questão das receitas acessórias

Há um aspecto interessante no que diz respeito às possibilidades de potencialização dos benefícios nas operações dos concessionários. Trata-se da possibilidade de auferição de receitas acessórias decorrentes de usos adicionais que podem ser agregados à infraestrutura concedida. As receitas alternativas, de acordo com a maioria dos contratos de concessão em vigor no país, devem ser usadas para demonstrar o equilíbrio econômico-financeiro da SPE responsável pela operação, de tal forma que esses benefícios adicionais também repercutam na tarifa, em busca da pretendida modicidade tarifária.

A previsão de instituição de receitas alternativas, acessórias, complementares ou de projetos associados encontra seu primeiro marco legal com o advento da Lei nº 8.987/95, conhecida como Lei de Concessões. Na referida Lei, encontramos em seu art. 11 o que se segue:

> Art. 11. No atendimento às peculiaridades de cada serviço público, poderá o poder concedente prever, em favor da concessionária, no edital de licitação, a possibilidade de outras fontes provenientes de receitas alternativas, complementares, acessórias ou de projetos associados, com ou sem exclusividade, com vistas a favorecer a modicidade das tarifas, observado o disposto no art. 17, desta Lei.
>
> Parágrafo único – As fontes de receita prevista neste artigo serão obrigatoriamente consideradas para a aferição do inicial equilíbrio econômico-financeiro do contrato.

Ou seja, a lei prevê a possibilidade de a empresa concessionária do serviço público ampliar o escopo das suas receitas a partir de outras potenciais fontes de geração.

Também no bojo da Lei nº 10.233/01, encontra-se o seguinte dispositivo que estabelece uma previsão de receitas alternativas:

> Art. 35. O contrato de concessão deverá refletir fielmente as condições do edital e da proposta vencedora e terá como cláusulas essenciais as relativas a:
> [...]
> VIII – critérios para reajuste e revisão das tarifas;
> IX – receitas complementares ou acessórias e receitas provenientes de projetos associados;
> [...]
> § 1º Os critérios para revisão das tarifas a que se refere o inciso VIII do caput deverão considerar:
> [...]
> b) a transferência aos usuários de perdas ou ganhos econômicos decorrentes de fatores que afetem custos e receitas e que não dependam do desempenho e da responsabilidade do concessionário.

Em regra, nos contratos de concessão de rodoviárias existe expressamente a previsão de que é facultado à concessionária a possibilidade de explorar fontes alternativas de receita. Por exemplo, na seção V dos contratos relativos à concessão da ponte Rio-Niterói e da Nova Dutra, era facultado à concessionária explorar outras fontes de receitas, fossem elas complementares, acessórias ou alternativas à fonte de receita principal, ou ainda explorar fontes de receitas provenientes de projetos associados, dependendo, em cada caso, da prévia autorização do poder concedente para exploração dessas fontes de receita.

Também na seção V fica expresso que as mesmas receitas serão revertidas para a modicidade tarifária, por ocasião da data de aniversário do contrato, a cada período de 12 meses, por meio da análise do impacto da receita obtida na relação que as partes pactuaram inicialmente.

Lembrando que o conceito de modicidade tarifária traduz o elemento-chave no atendimento às demandas sociais e às exigências do desenvolvimento econômico. Contribuem para a modicidade tarifária e para a alocação eficiente de recursos os seguintes quesitos:

1. A ampliação da competição na concessão de rodovias, por meio de licitações pelo critério de menor tarifa.
2. A garantia do equilíbrio entre a oferta e a demanda por energia, de forma que o consumidor não seja onerado pela falta ou pelo excesso de serviços ofertados.

3. A redução dos riscos associados aos investimentos com a concessão de licença prévia ambiental e de contratos de compra de energia de longo prazo.
4. A garantia de que não sejam apropriados custos estranhos à prestação do serviço.

Por sua vez, a Agência Nacional de Transportes Terrestres (ANTT) adota outros procedimentos quanto às receitas alternativas na concessão rodoviária. De acordo com as normas da agência, deve ocorrer repasse à modicidade tarifária por ocasião do reajuste tarifário de cada concessionária. Sendo assim, é inserido, no fluxo de caixa, o valor das receitas auferidas no período e dos custos correspondentes a 15% das receitas alternativas, complementares, acessórias ou de projetos associados.

Com base na experiência das primeiras concessões rodoviárias, a arrecadação das concessionárias com as receitas acessórias gira em torno de 3,4% a 3,5% do montante da receita total. Havia um ponto não abordado pelos contratos iniciais que referia-se à utilização de algumas das receitas acessórias, que são entendidas como aquelas não oriundas da atividade-fim da concessão, como um mecanismo capaz de conduzir à modicidade tarifária. Em geral, o tipo de receita acessória percebida por uma concessionária de rodovia diz respeito à publicidade das faixas marginais. Nesse aspecto, o contrato apenas define as regras de autorização para o uso desse tipo de recurso, todavia, não regrando a consideração dessas receitas no cômputo do fluxo de caixa projetado pelas propostas comerciais, impedindo-se, assim, a conversão desse acréscimo de receita em benefícios tarifários.

A Resolução ANTT nº 675/2004, que dispõe sobre as revisões ordinárias da tarifa de pedágio nas concessões rodoviárias federais, considera as receitas acessórias para efeito de modicidade tarifária. Nesse sentido, a proposta de resolução apresentada pela ANTT demonstra avanço no marco regulatório do setor por diminuir as assimetrias de informação e dar maior transparência ao mecanismo de captação das receitas extraordinárias nas rodovias federais e sua respectiva aplicação para a modicidade tarifária. Dessa forma, a solução proposta contempla tanto a necessidade de promover a eficiência na prestação do serviço concedido como a busca da maximização do bem-estar da sociedade.

Entretanto, os objetivos da ANTT ao estabelecer incentivos nos contratos regulatórios como forma de estimular as empresas reguladas a desempenharem suas atribuições eficientemente, como também de buscar a melhoria das condições de atendimento da demanda ao menor custo possível, podem não ser plenamente alcançados dada a existência de incentivos à majoração dos custos diretamente associados a um contrato de receita extraordinária (CRE).

Esses incentivos estão presentes na definição não muito precisa dos custos diretamente associados ao CRE, conforme a disposição contida no § 1º do

Art. 4º da Resolução nº 2552 de 14/02/2008 – ANTT. Na falta de limite explícito para os referidos custos, os incentivos são potencializados pelo objetivo intrínseco do agente privado na exploração de atividades econômicas, que é sempre a maximização de lucros. A sinergia desses fatores pode resultar na tentativa de imputar o máximo valor "aos custos diretamente associados ao CRE", que, aplicado na equação delineada no caput do Art. 4º, resulte na fixação do valor destinado à modicidade tarifária no valor mínimo (10% da receita bruta) de acordo com o § 3º do Art. 4º. Os principais aspectos dessa proposta de regulamentação são:

[...]
Art.1º Serão consideradas receitas extraordinárias as receitas complementares, acessórias, alternativas e de projetos associados caracterizadas por fontes que não sejam provenientes da arrecadação de pedágio e de aplicações financeiras.

Art. 2º Para cada projeto gerador de receitas extraordinárias deverá ser celebrado um contrato de receita extraordinária (CRE) entre a concessionária de rodovia e terceiros.

§ 1º Os CREs reger-se-ão pelo direito privado, não se estabelecendo qualquer relação jurídica entre os terceiros e a ANTT.

§ 2º Os contratos serão de natureza precária e terão vigência limitada ao término do contrato de concessão.

Art. 3º No CRE deverão estar discriminados, no mínimo:
   a) Vigência do contrato;
   b) Objeto do contrato;
   c) Valor do contrato e as condições de reajustamento;
   d) Forma de pagamento;
   e) Assunção de despesa do concessionário por terceiros, se houver; e
   f) Direitos e obrigações das partes.

Art. 4º Será revertida à modicidade tarifária a receita extraordinária líquida após deduzidos os valores relativos a tributos, custos diretamente associados ao CRE e o montante equivalente a 15% (quinze por cento) da receita bruta.

§ 1º Os custos diretos do concessionário são decorrentes exclusivamente da execução do CRE.

§ 2º O montante equivalente a 15% (quinze por cento) da receita bruta mencionado no caput corresponde à cobertura dos custos a título de análise de projetos, administração e fiscalização do objeto do CRE, sendo vedada a cobrança de quaisquer outros valores pelo concessionário.

§ 3º O valor mínimo a ser revertido à modicidade tarifária deverá ser de 10% (dez por cento) da receita extraordinária bruta, sob pena de redução da alíquota de 15% (quinze por cento) de que trata este artigo.
[...]

Assim, verificamos que existe uma janela de oportunidades para bons gestores e empreendedores no que diz respeito ao aumento da rentabilidade da operação sob concessão. Essa possibilidade tem um caráter distributivo interessante, já que, de um lado, estimula ações inovadoras para a geração de receitas, e, de outro, dá uma contrapartida para toda a sociedade em virtude do seu potencial de obtenção de modicidade tarifária.

Convém lembrar que a modicidade tarifária não deve ser um balizador absoluto para fixar as projeções de receitas do empreendimento. Se o foco for a modicidade tarifária, a taxa de retorno dos investidores pode ser colocada em segundo plano, o que provavelmente fará diminuir o interesse por esse tipo de negócio.

A excessiva fixação por aspectos de natureza não econômica, tais como a deliberada busca de redução nos lucros dos concessionários, mantendo taxas de retorno dos investimentos muito baixas nos editais de concessões de rodovias, talvez tenha sido um dos principais motivos para a ocorrência de licitações desertas em sua última rodada de concessões.

A definição do montante do investimento e o plano de exploração da infraestrutura

O órgão governamental a quem compete orientar os trabalhos a serem desenvolvidos pelo concessionário de uma infraestrutura de transportes terrestres é o Departamento Nacional de Infraestrutura de Transportes (DNIT). Ele é uma autarquia federal vinculada ao Ministério dos Transportes, criada pela Lei nº 10.233 de 5 de junho de 2001.

A autarquia tem por objetivo implementar a política de infraestrutura do sistema federal de viação compreendendo sua operação, manutenção, restauração ou reposição, adequação de capacidade e ampliação mediante construção de novas vias e terminais. O órgão é gestor e executor, sob a jurisdição do Ministério dos Transportes, das vias navegáveis, ferrovias e rodovias federais, instalações de vias de transbordo e de interface intermodal e instalações portuárias fluviais e lacustres.

O DNIT vem desenvolvendo extensa atividade de elaboração, revisão e atualização das normas e dos manuais técnicos necessários à sua própria atuação e à de outros órgãos rodoviários de todo o País, sempre com a preocupação de estabelecer critérios para os diversos procedimentos intervenientes em cada uma das fases do empreendimento rodoviário.

Nesse sentido, as diretrizes básicas (BRASIL, 1999) para elaboração de estudos e projetos rodoviários apresentam uma série de orientações para definição e enquadramento dos serviços a executar conforme os escopos básicos e as instruções de serviços indicados.

Tem-se que os diferentes escopos básicos visam atender à diversificação dos tipos de atividades envolvidas nos trabalhos rodoviários por meio de implantação de rodovia em terreno virgem ou melhorias e restaurações de segmentos existentes. Os serviços a serem executados objetivam, sobretudo, melhorar as condições de fluidez do tráfego, segurança e conforto do usuário, além da durabilidade e segurança da própria rodovia.

Por sua vez, as instruções de serviço indicam as fases e os procedimentos técnicos adotados na elaboração dos estudos e projetos rodoviários, tendo sido atualizadas e complementadas com base nas modernas técnicas, no que concerne às metodologias, equipamentos e materiais empregados hoje internacionalmente na construção rodoviária.

Antes de tudo, é necessário informar que, durante a concessão da infraestrutura, existem três fases com características distintas: os trabalhos iniciais, a recuperação e a manutenção.

Os trabalhos iniciais ocorrem durante o período que vai da assinatura do contrato até o sexto ou décimo segundo mês de concessão, dependendo de cada contrato. É a fase de eliminação de problemas emergenciais que signifiquem riscos pessoais e materiais iminentes, dotando a rodovia de requisitos mínimos de segurança e conforto aos usuários.

A recuperação se desenvolve do sexto ou décimo segundo mês até o quinto ano de concessão. Os serviços de recuperação têm por objetivo restabelecer as características de projeto da via.

Por fim, desenvolve-se a fase de manutenção, que deverá perdurar até o final da concessão. Simultaneamente às fases descritas, serão realizados, em caráter permanente, os trabalhos de conservação, operação e melhoramentos das rodovias.

Quanto aos custos e despesas que servirão de base para as projeções de fluxos de caixa, é necessário fazer as seguintes distinções: custos econômicos necessários à análise de viabilidade econômica (relação benefício/custo) e custos financeiros necessários aos cronogramas de desembolso financeiro. Os aspectos de natureza econômica devem entrar nos modelos de decisão governamentais, visto que consideram aspectos intangíveis, de caráter social. Os custos financeiros são do interesse do investidor privado, em especial.

O investimento necessário para cada alternativa estudada deverá incluir custos de construção, de acordo com os seguintes itens: terraplenagem, drenagem, obras de arte correntes e especiais, pavimentação, relocação de serviços públicos locais, iluminação, sinalização, obras complementares, desapropriação da faixa de domínio e compra de direitos de acesso, medidas de proteção ambiental e recuperação do passivo ambiental, reassentamento de população afetada pelo empreendimento, paisagismo e urbanização, obras temporárias para a manutenção do tráfego durante a construção, custo do projeto de engenharia rodoviária e supervisão na fase de construção, custos eventuais, custos de operação e manutenção para o período de vida útil (a ser definido).

Os eventuais componentes dos custos em moeda estrangeira, provenientes de operações de crédito e com importação de equipamentos, veículos, materiais de construção, combustíveis e outros, também devem ser determinados e indicados.

Os custos financeiros devem contemplar as atividades de implantação, conservação, manutenção, infraestrutura operacional da via e operacionais dos veículos, incluídos os custos de congestionamentos e de acidentes.

Quanto aos custos de implantação, a equipe multidisciplinar que realiza o estudo deverá calcular parâmetros a serem aplicados nas diversas alternativas de acordo com características básicas que são: ampliação da rodovia de duas para quatro faixas de tráfego, reabilitação da rodovia com duas faixas, reabilitação de rodovia com quatro faixas, novos contornos urbanos com duas ou quatro faixas, incorporação de melhoramentos específicos ou localizados (travessias urbanas, terceiras faixas, alargamentos de pontes e outros).

Para cada categoria relacionada é preciso levar em conta o relevo (plano, ondulado ou montanhoso), os valores médios para as desapropriações das faixas de domínio, eventuais obras de arte especiais, túneis etc.

Os custos de conservação representam o custo do conjunto das intervenções de caráter rotineiro, preventivo ou periódico que são destinadas a manter a rodovia em adequadas condições técnico-operacionais, ao longo de cada ciclo de vida útil da via (em geral fixada em 10 ou 15 anos).

Por meio dessas intervenções, é possível atenuar ou controlar o desgaste natural da via. Além disso, consegue-se reduzir os custos operacionais do tráfego usuário e aumenta-se o nível de proteção e preservação do investimento em toda a infraestrutura.

As intervenções, em regra, são: reparos localizados, defeitos nas pistas ou acostamentos, preservação regular do sistema de drenagem, reposição do revestimento vegetal de taludes, sinalização e faixa de domínio, entre outras.

Por fim, os custos de manutenção representam o custo do conjunto de intervenções de caráter periódico, efetivado ao final de cada ciclo de vida útil da rodovia, para fornecer suporte estrutural, compatível com a estrutura existente e o tráfego esperado, e tornar a rodovia apta a cumprir novo ciclo de vida. Tais intervenções compreendem, em especial, o recapeamento da pista e dos acostamentos, bem como a restauração de elementos e acessórios.

O documento-base para a definição de todas as ações que deverão ocorrer após a assinatura do contrato de concessão ou de parceria é o plano de exploração. É lá que estarão definidas todas as utilidades e características da operação daquela infraestrutura e, consequentemente, os custos e despesas que deverão constar na demonstração dos fluxos de caixa projetados. No caso de uma rodovia, trata-se do plano de exploração rodoviário (PER).

O PER é o conjunto de elementos necessários para caracterizar todas as atividades a serem desenvolvidas durante o período de concessão de trecho rodoviário à iniciativa privada, estabelecendo padrões mínimos de qualidade a serem atendidos na prestação dos serviços.

Sua primeira fase deverá contemplar a indicação dos trabalhos iniciais necessários para recuperação e operação emergencial da rodovia, dotando-a de condições mínimas de segurança e conforto, e relacionando as instalações a serem implantadas para permitir a operação plena da rodovia com todos os equipamentos e sistemas operacionais necessários, executados e concluídos no prazo estipulado pelo PER antes do início da cobrança de pedágio.

A segunda fase será o período de pleno funcionamento da rodovia, operada diretamente pela concessionária, quando então será concluída a recuperação geral e executados os melhoramentos previstos no PER. A operação da rodovia pela concessionária, nessa fase, deverá adotar todos os procedimentos operacionais estabelecidos no PER. Este definirá todas as obras e os serviços cuja implantação seja necessária para que, após concluídos, o pavimento recuperado apresente e mantenha, ao longo do período da concessão, características estruturais e funcionais dentro dos limites de valores estabelecidos.

Para cada obra, serviço ou atividade contemplado no PER serão definidos:

1. Os critérios para o desenvolvimento dos serviços de recuperação, monitoração, manutenção, conservação, operação, organização e melhoramentos da rodovia.
2. As quantidades unitárias e totais para os trabalhos de recuperação da rodovia, incluindo os trabalhos iniciais e as obras de ampliação de capacidade, de forma que permita que as concorrentes possam cotar os custos dos encargos ao longo da concessão.
3. Cronogramas, de forma que as concorrentes tenham pleno conhecimento do início e fim de cada atividade.
4. Critérios para fiscalização e monitoramento, com os respectivos planos de graduação de sanções que serão aplicadas à concessionária por atraso ou inexecução total ou parcial dos encargos da concessão.

O PER definirá as intervenções de caráter estrutural, operacional, organizacional e gerencial da rodovia para atender a padrões aceitáveis de rodovia, estabelecendo:

1. Padrões mínimos para o início da arrecadação do pedágio, a serem executados na primeira fase, em:
   - pistas, acostamentos, acessos, interseções e retornos;
   - canteiro central, faixa de domínio e áreas lindeiras;
   - obras de arte especiais e correntes;
   - elementos de proteção e segurança;
   - elementos de assistência ao usuário;
   - praça de pedágio e prédio da administração;
   - postos de pesagem dos veículos;
   - gerenciamento.

2. Aspectos de engenharia e de operação da rodovia a serem executados na primeira fase:
- Pavimento.
- Obras de arte especiais.
- Elementos de proteção e segurança: sinalização, iluminação, contenção, defensas e dispositivos de segurança, limpeza, drenagem e obras de arte correntes, e intervenções nos segmentos críticos.
- Acessos.
- Trevos, entroncamentos e retornos.
- Praças de pedágio.
- Postos de pesagem de veículos.
- Faixas de domínio e áreas lindeiras.
- Edificações e equipamentos de administração.
- Elementos de assistência aos usuários: serviços de atendimento emergencial, serviços de comunicação com o usuário, serviços de informações, sistemas de reclamações e sugestões e outros serviços de assistência aos usuários.
- Processos de gerenciamento operacional: sistema de controle, sistema de arrecadação do pedágio, guarda e vigilância do patrimônio, relacionamento com o usuário e outras entidades e controle da qualidade.
- Melhoramentos da rodovia.

O PER deverá estabelecer diretrizes para quantificação e localização das praças de pedágio com base nos volumes de trânsito esperados ao longo do período de concessão.

Como é possível inferir, o PER acaba definindo os parâmetros de desempenho a serem verificados na operação da infraestrutura, que, por sua vez, acarretam determinado nível de qualidade, bem como um grau de utilidade a ser recebido pelo usuário da rodovia. Dessa forma, uma vez que é preciso arcar com esse custo de implementação, a tarifa deverá estar condizente com o investimento requerido e a taxa de retorno prometida. Esse fato não é trivial, pois ainda não há, por parte do setor público brasileiro, em seus poderes constituídos, um entendimento claro acerca de sua importância para a segurança jurídica e, consequentemente, para a atratividade desse tipo de empreendimento.

O nó górdio dos projetos de infraestrutura no Brasil: o licenciamento ambiental

Uma das questões mais complexas e controversas envolvendo os projetos de infraestrutura no Brasil diz respeito à obrigatoriedade do licenciamento ambiental. Buscar equilíbrio e isenção neste assunto é uma tarefa hercúlea.

Existem nitidamente dois grandes grupos se enfrentando no campo da questão ambiental envolvendo projetos de infraestrutura: os que postulam agilidade na concessão do licenciamento e aqueles que acreditam que a urgência do trâmite pode ameaçar a qualidade das análises e comprometer a segurança do meio ambiente. Vamos procurar apenas relatar o quadro geral de situação apresentado, para que os futuros analistas de projetos possam se preparar para o que vão enfrentar.

Sob a ótica jurídica, conforme ensina Alves (1995, p. 65), a questão da análise ambiental está fundamentada no artigo 225, § 1º, inciso IV, da Constituição Federal. Esse preceito determina a exigência do EIA (Estudo de Impacto Ambiental) para a instalação de obra ou atividade potencialmente causadora de significativa degradação no ambiente, ao qual deverá ser dada a devida publicidade. O EIA é um procedimento de caráter analítico técnico-científico, elaborado por equipe multidisciplinar, que diz respeito a caracterização e descrição dos impactos ambientais previsíveis em virtude de obras ou de atividades a serem implantadas em determinadas áreas, com sugestões específicas relacionadas a alternativas que sejam consideradas mais apropriadas para reduzir os efeitos deletérios sobre o meio ambiente. O EIA deve ser sintetizado sob a forma de um relatório, denominado Relatório de Impacto Ambiental (RIMA), que deverá servir como instrumento de divulgação.

Assim, o EIA é apenas um instrumento de cognição (que gera conhecimento) para formar o convencimento de um tomador de decisão, por meio da caracterização da situação de impacto ambiental possível, não tendo qualquer força normativa intrínseca (força de lei ou regulamento). No máximo, o EIA poderá conter sugestões acerca de medidas e alternativas destinadas a minimizar impactos negativos sobre o ambiente. O EIA se presta como subsídio de planejamento ecológico para instruir a autoridade competente na tomada de decisão relativa à outorga da licença ambiental com base nas informações nele contidas.

De acordo com Barbieri (2007, p.289), é possível definir o impacto ambiental, para efeito dos Estudos de Impacto Ambiental, como o resultado das mudanças no ambiente natural e social, em razão de uma dada atividade ou de um empreendimento proposto. Embora as mudanças possam ocorrer por causas naturais, apenas aquelas decorrentes da ação antrópica são tratadas neste contexto. Dessa forma, o termo "impacto" diz respeito às alterações no meio ambiente físico, biótico e social em razão de atividades humanas em andamento ou em fase de proposta. Destaca-se que, a partir da definição apresentada, o impacto pode ser real ou potencial. O impacto será real quando a atividade já estiver em execução. No caso de uma atividade que ainda será implementada e está na fase de proposta, o impacto será potencial. Nesse último caso, o impacto se tornará real se a atividade for implementada no futuro.

Por sua vez, entende-se por Licenciamento Ambiental Federal como sendo o procedimento administrativo pelo qual o IBAMA (Instituto Brasileiro do Meio Ambiente e dos Recursos Naturais Renováveis) licencia, em sua área de competência, a localização, a instalação, a ampliação e operação de empreendimentos e as atividades utilizadoras de recursos ambientais, que são consideradas efetiva ou potencialmente poluidoras, ou daquelas que, sob qualquer forma, possam causar degradação ambiental, considerando as disposições legais e regulamentares e as normas técnicas em vigor. Assim, o Licenciamento Ambiental também é um instrumento da Política Nacional do Meio Ambiente.

De acordo com o documento de referência, que se constitui no Guia de Procedimentos do Licenciamento Ambiental Federal,[2] o Ibama licenciará, exemplificadamente, os empreendimentos constantes na Resolução Conama nº 001/86, elencados a seguir, e que já são considerados de significativo impacto ambiental, em virtude de sua natureza e porte, desde que:

1. localizados ou desenvolvidos conjuntamente no Brasil e em país limítrofe;
2. localizados no mar territorial;
3. localizados na plataforma continental;
4. localizados na zona econômica exclusiva;
5. localizados em terras indígenas;
6. localizados em unidades de conservação de domínio da União;
7. localizados ou desenvolvidos em dois ou mais estados;
8. seus impactos ambientais diretos ultrapassem os limites territoriais do País ou de um ou mais estados;
9. destinados a pesquisar, lavrar, produzir, beneficiar, transportar, armazenar e dispor material radioativo, em qualquer estágio, ou que utilize energia nuclear em qualquer de suas formas e aplicações, mediante parecer da Comissão Nacional de Energia Nuclear (CNEN);
10. refiram-se a bases ou empreendimentos militares, quando couber, observada a legislação específica.

Apresentamos, a seguir, uma série de empreendimentos de significativo impacto ambiental para evidenciar que praticamente a maioria dos empreendimentos de infraestrutura, passíveis de concessão pelo Poder Público, enquadram-se nesta condição:

- estradas de rodagem com uma ou mais faixas de rolamento;
- portos marítimos ou fluviais;
- ferrovias;
- terminais de minério, de petróleo e de produtos químicos;
- aeroportos;
- oleodutos, gasodutos, minerodutos, troncos coletores e emissários submarinos de esgotos sanitários;
- linhas de transmissão de energia elétrica acima de 230KV;

---
2. BRASIL. Manual de Procedimentos para o Licenciamento Ambiental Federal – Ibama. Brasília, 2002.

- obras hidráulicas para exploração de recursos hídricos, como: barragem para fins hidrelétricos, acima de 10 MW, de saneamento ou de irrigação, retificação de cursos d'água, abertura de canais para navegação, drenagem e irrigação, retificação de cursos d'água, abertura de barras e embocaduras, transposição de bacias, diques;
- extração de combustível fóssil (petróleo, xisto, carvão);
- extração de minério, inclusive aqueles para a construção civil, definidas no Código de Mineração;
- aterros sanitários, processamento e destino final de resíduos tóxicos ou perigosos;
- usinas de geração de eletricidade, qualquer que seja a fonte de energia primária, quando gerar potência superior a 10MW;
- complexo e unidades industriais e agroindustriais (petroquímicos, siderúrgicos, cloroquímicos, destilarias de álcool, hulha, extração e cultivo de recursos hídricos);
- distritos industriais e zonas estritamente industriais (ZEI);
- exploração econômica de madeira ou de lenha, em áreas acima de 100 hectares ou menores, quando atingir áreas significativas em termos percentuais ou de importância do ponto de vista ambiental;
- projetos urbanísticos, acima de 100 hectares ou em áreas consideradas de relevante interesse ambiental a critério do Ibama;
- qualquer atividade que utilize carvão vegetal, derivados ou produtos similares, em quantidade superior a 10 toneladas por dia;
- projetos agropecuários que contemplem áreas acima de 1.000 hectares;
- empreendimentos e atividades destinados a pesquisar, lavrar, produzir, beneficiar, transportar, armazenar e dispor material radioativo, em qualquer estágio, ou que utilizem energia nuclear em qualquer de suas formas e aplicações;
- empreendimentos e atividades que utilizem material ou energia nuclear em qualquer de suas formas e aplicações;
- instalações para o recolhimento e processamento de resíduos radioativos;
- instalações exclusivamente destinadas à armazenagem permanente ou à eliminação definitiva de resíduos radioativos.

Não obstante, além destes empreendimentos, o Ibama licenciará qualquer outro constante do anexo da Resolução Conama nº 237/97, desde que por seu porte, natureza e localização seja considerado de significativo impacto ambiental de âmbito regional ou nacional.

Registre-se que há o aspecto que tende a gerar complicações para quem for pleitear as licenças ambientais. Trata-se do fato de que o Ibama fará o licenciamento após considerar o exame técnico procedido pelos órgãos ambientais dos estados e municípios em que se localizar a atividade ou empreendimento pretendidos, que estarão diretamente envolvidos no procedimento de licenciamento. Ou seja, é prevista a interveniência de atores de três esferas de governo distintas, que não possuem qualquer compromisso de eficiência entre si.

Ademais, em alguns casos, outros partícipes também deverão intervir, com pareceres acerca da pertinência do projeto. É o caso de licenciamento de empreendimentos localizados em Terra Indígena, nos quais a Funai (Fundação Nacional do Índio) deverá se posicionar. O mesmo ocorrerá nos casos que se referirem a licenciamento de empreendimento que utilizem material nuclear, quando então a CNEN (Comissão Nacional de Energia Nuclear) será participe do licenciamento ambiental. Há também a hipótese de eventuais licenciamentos de empreendimentos e atividades localizados em áreas endêmicas de malária, quando então será considerada a prévia avaliação e recomendação da Funasa (Fundação Nacional de Saúde).

Em razão da multiplicidade de atores envolvidos, o licenciamento ambiental tornou-se um dos temas mais controvertidos e menos compreendidos do País. Um relatório sobre esta questão, elaborado por Hofmann,[3] foi bastante contundente ao descrever aspectos acerca desta questão. Em geral, existem muitas críticas ao processo de licenciamento: a demora injustificada, as exigências burocráticas excessivas, as decisões pouco fundamentadas, a insensatez desenvolvimentista de empreendedores, a contaminação ideológica do processo.

Não obstante, o que ainda não foi compreendido com clareza – ou, ao menos, não se expressou com precisão – é a raiz do problema. Essa afirmação, segundo a autora citada, consta em documento elaborado em 2009 pela Secretaria de Assuntos Estratégicos da Presidência da República (SAE), mas é aplicável ao momento atual.

Uma das causas apontadas naquele documento para a complexidade e morosidade no processo de licenciamento ambiental foi a "anomia", ou seja, a ausência de legislação, que teria transformado o procedimento em um amplo espaço para a prática de discricionariedade administrativa, embora, desde 2009, múltiplos atos normativos infralegais tenham sido lançados, além da Lei Complementar nº 140/2011,[4] sem que isso tenha contribuído para melhorar significativamente o processo.

---

3. Rose Mirian Hofmann, Consultor Legislativo da Área XI Meio Ambiente e Temas Afins. Gargalos do Licenciamento Ambiental Federal no Brasil. Câmara dos Deputados, Praça dos Três Poderes, Consultoria Legislativa, Anexo III, Térreo, Brasília – DF, julho de 2015.
4. Esta lei fixa normas, nos termos dos incisos III, VI e VII do caput e do parágrafo único do art. 23 da Constituição Federal, para a cooperação entre a União, os estados, o Distrito Federal e os municípios nas ações administrativas decorrentes do exercício da competência comum relativas à proteção das paisagens naturais notáveis, à proteção do meio ambiente, ao combate à poluição em qualquer de suas formas e à preservação das florestas, da fauna e da flora; e altera a Lei nº 6.938, de 31 de agosto de 1981.

No seu relato, Hofmann (2015) apresenta algumas observações sobre o processo de licenciamento ambiental de empreendimentos hidrelétricos no Brasil, que evidenciaria os gargalos apresentados a seguir.

1. Estudos e Relatórios de Impacto Ambiental (EIA-RIMA) geralmente extensos e bastante detalhados, porém focados principalmente no diagnóstico, sem contribuição efetiva para o atendimento das questões específicas do licenciamento em muitos dos casos.
2. Ausência de uma avaliação estratégica ou plano de bacia que indique alternativas locacionais para hidrelétricas, seus impactos cumulativos e a avaliação da viabilidade ambiental do programa como um todo, em uma determinada bacia.
3. Baixa qualidade dos EIA/Rima e ausência do vetor ambiental na concepção dos projetos;
4. Excessiva demora na emissão dos Termos de Referência para a preparação dos EIA/Rima;
5. Multiplicidade de atores com grande poder discricionário e poucos incentivos de colaboração, com destaque para a atuação do Ministério Público (MP).
6. Frequente judicialização dos conflitos ambientais, sem a busca de alternativas visando resolvê-los;
7. Sistemática ausência de monitoramento, fiscalização e acompanhamento geral dos projetos licenciados, basicamente decorrentes da limitada capacidade institucional.
8. Possibilidade de aplicação de pena individual aos técnicos dos órgãos licenciadores em decorrência da Lei de Crimes Ambientais, resultando em postura excessivamente cautelosa e de mínimo risco.
9. Falta de marco regulatório específico e detalhado para tratar de questões sociais frequentemente incorporadas no licenciamento ambiental e que, via de regra, extrapolam a responsabilidade legal do proponente;
10. Falta de profissionais da área social no órgão licenciador.
11. Regulamento de compensação ambiental pouco claro, sendo economicamente pouco eficiente e legalmente vulnerável, desincentivando investimentos.
12. Ausência de dados e de informações ambientais.
13. Ausência de cooperação entre os diversos órgãos competentes.
14. Inconsistência e subjetividade na aplicação de princípios e critérios quando da análise e aprovação do EIA/Rima.

Registre-se que estas são críticas recorrentes. O licenciamento ambiental está, sem exagero, à beira de um colapso. Hofmann (2015) apresenta, ao fim de seu relatório, uma série de sugestões para tornar mais efetivo o processo de licenciamento ambiental, como:

1. Incorporar no processo de licenciamento critérios de gestão de risco para priorização das ações;
2. Definir em lei a matriz de responsabilidades no licenciamento, esclarecendo que a responsabilidade do empreendedor se limita aos impactos vinculados ao seu empreendimento;
3. Elaborar manual técnico sobre AIA (Análise de Impacto Ambiental);
4. Substituir a análise prévia de planos e programas pela edição de manuais de boas práticas, quando possível, que permitam fiscalização direta;
5. Estabelecer um acompanhamento sistemático das condicionantes ambientais, priorizadas com base em critérios de risco e potencial de impacto;
6. Substituir a análise multidisciplinar por uma análise integrada;
7. Substituir a gestão de processos ativos por "gestão de projetos";
8. Enfrentar a crise institucional com diferenciação clara dos agentes responsáveis por agendas temáticas (indigenista, cultural e outras) daquele responsável pelo papel decisório no licenciamento ambiental;
9. Capacitar o corpo técnico e garantir remuneração equivalente ao grau de responsabilidade do licenciamento;
10. Informatizar o processo de licenciamento;
11. Adotar metodologia de gestão da informação;
12. Consolidar as normas referentes à licenciamento ambiental.

A equipe de projeto deve levar todos estes aspectos em consideração quando da elaboração de um projeto de concessão de infraestrutura que, porventura, envolva a exigência de um EIA para a sua materialização.

A desconsideração desse óbice pode comprometer seriamente a credibilidade do instrumento, sem contar os efeitos deletérios que tais circunstâncias podem produzir no grau de confiança dos investidores.

Não se trata de propor uma relação de permissividade para com o meio ambiente. Contudo, na prática, o Estado, em suas três esferas, não consegue responder a demandas muito imediatas acerca da conservação dos biomas (que o diga a situação da baía da Guanabara), ao mesmo tempo em que promovem atrasos injustificáveis para a conclusão de obras de infraestrutura que poderia melhorar muito as condições econômicas do país. Apenas para uma reflexão final, se as normas ambientais vigentes tivessem surgido antes da construção da Ponte Rio-Niterói, a travessia de veículos ainda estaria sendo realizada por meio de balsas.

capítulo 6

Estudo de viabilidade técnica e econômica (EVTE): as estimativas de receitas e de risco

Neste capítulo vamos dar continuidade à apresentação dos aspectos que devem ser considerados por ocasião da elaboração do estudo de viabilidade técnica e econômica (EVTE), que deverá integrar as modelagens de concessão de ativos públicos, seja sob a forma da Lei de Concessões de 1995, seja nos termos da Lei de parcerias público-privadas, de 2004. Trataremos aqui dos componentes da modelagem que não podem ser objetivamente apresentados, como ocorre com os custos definidos no capítulo anterior.

Trata-se das receitas projetadas que apenas podem ser estimativas baseadas em projeções de um futuro incerto e incognoscível. Mesmo em se tratando de receitas com origem contratual, veremos que existem múltiplos aspectos que podem frustrar suas ocorrências.

Ademais, há o aspecto de definição dos riscos envolvidos que impactarão o custo de capital dos projetos, já que a taxa de desconto deverá refletir, em sua composição, esses fatores de riscos.

Em regra, emprega-se nos modelos de estudos de viabilidade técnica e econômica a técnica financeira conhecida como "método de fluxos de caixa descontado". A adoção dessa metodologia de avaliação é largamente empregada como instrumento de avaliação nos estudos técnicos realizados por distintos órgãos públicos, como a ANTT, que a utiliza para fins de análise da taxa interna de retorno das concessões rodoviárias. O modelo do fluxo de caixa descontado tem bastante respaldo tanto no âmbito doutrinário como nas normas contábeis brasileiras.

Nas normas contábeis brasileiras existe um suporte normativo para o emprego do fluxo de caixa descontado em modelos de EVTE. Verificamos no pronunciamento técnico[1] CPC 12 – *ajuste a valor presente* os fundamentos que amparam a adoção dessa metodologia e a importância que as normas contábeis brasileiras, após sua adequação às normas do *International Financial Reporting Standard* (IFRS), passaram a conferir ao valor do dinheiro no tempo, que é o fundamento lógico do modelo de fluxo de caixa descontado.

Ainda de acordo com a norma contábil brasileira, ao se aplicar o conceito de valor presente aos fluxos de benefícios futuros é preciso associar tal procedimento à mensuração dos ativos e passivos levando-se em consideração o valor do dinheiro no tempo e as incertezas a eles associados.

Contudo, o CPC 12 não fecha questão sobre o emprego dessa metodologia de forma absoluta, pois informa que, quando houver algum pronunciamento específico do CPC que discipline a forma pela qual um ativo ou passivo em particular deva ser mensurado com base no ajuste ao valor presente de seus fluxos de caixa, o referido pronunciamento específico deve ser observado. Como princípio doutrinário normativo, fica mantido nesse caso que uma regra específica sempre prevalece sobre a regra geral.

A questão da introdução dos fatores de risco no modelo

Para a introdução do risco e da incerteza no modelo está prevista a formação de uma taxa de desconto que seja capaz de refletir o efeito dessas variáveis. Ao se utilizar, para fins contábeis, as informações com base no fluxo de caixa e no valor presente, eventuais incertezas inerentes são obrigatoriamente levadas em consideração para efeito de mensuração.

Analogamente, o "preço" que os participantes do mercado estão dispostos a "cobrar" para assumir os riscos advindos das incertezas associadas a fluxos de caixa (ou, em linguagem de finanças, "o prêmio pelo risco") deve ser igualmente avaliado. Ao se ignorar tal fato, provavelmente estarão sendo geradas informações contábeis incompatíveis com o que seria uma representação adequada da realidade. Ou seja, quando se estabelece uma taxa interna de retorno que reflita o

---

1. Pronunciamento do comitê de pronunciamentos contábeis.

custo de capital próprio em um estudo de concessões, é fundamental que a taxa empregada seja capaz de refletir o risco envolvido na operação por meio de uma composição apropriada dos seus componentes (parcela livre de risco, risco de mercado, risco da alavancagem, risco regulatório etc.).

Além disso, o CPC 12 não admite que sejam feitos ajustes arbitrários para prêmios por risco, mesmo com a justificativa de quase impossibilidade de se angariar informações de participantes de mercado. A justificativa é que esse procedimento pode viesar a mensuração e distorcer o valor no resultado obtido.

A norma contábil eventualmente encontra soluções ambíguas. Por exemplo, de acordo com o CPC, em muitas situações não é possível chegar a uma estimativa confiável para o prêmio pelo risco ou, mesmo quando isso é possível, o montante estimado pode ser relativamente pequeno se comparado a erros potenciais nos fluxos de caixa estimados. A solução da norma é que nesses casos, excepcionalmente, o valor presente de fluxos de caixa esperados seja obtido com a adoção de taxa de desconto que reflita unicamente a taxa de juros livre de risco, desde que com ampla divulgação do fato e das razões que levaram a esse procedimento. Conforme se pode inferir, trata-se de um procedimento excepcional que, em regra, não ocorre em casos de estruturas financeiras derivadas de contratos de concessões.

A tarefa de calcular riscos não é das mais simples. Por outro lado, a teoria das finanças oferece alguns modelos que, apesar de suas limitações (considerando que todo modelo tem a sua), podem ser utilizados para tal fim. Modelos econométricos parcimoniosos, de natureza puramente estatística, também podem ser adotados, desde que suportados por premissas economicamente válidas e que sejam reconhecidas no mercado.

Dadas as condições particulares das linhas de contorno de um problema real, com suas nuanças e complexidades inerentes, uma equipe multidisciplinar de profissionais pode ser requerida em determinadas circunstâncias para a execução dessa tarefa.

A seguir, apresentamos a fundamentação para justificar o emprego do método do fluxo de caixa descontado nos estudos preliminares de avaliação de concessões.

A justificativa para o emprego do fluxo de caixa descontado

A contabilidade brasileira já assimilou importantes fundamentos das normas contábeis internacionais, o que coloca o Brasil em condições de igualdade com as melhores práticas aplicadas nos principais mercados mundiais. Esses fundamentos fazem parte das afirmativas do comitê de pronunciamentos contábeis.

Preliminarmente, encontramos no pronunciamento técnico CPC 1 – *redução ao valor recuperável de ativos* algumas definições e considerações que remetem à metodologia do fluxo de caixa descontado. Por exemplo, o referido pronunciamento se refere ao conceito de valor em uso, definindo-o como o valor presente de fluxos de caixa futuros estimados que devem resultar do uso de um ativo ou de uma unidade geradora de caixa.

Por sua vez, de acordo com essa norma, uma unidade geradora de caixa é o menor grupo identificável de ativos que gera as entradas de caixa, aliado ao fato de que são em grande parte independentes das entradas de caixa de outros ativos ou de grupos de ativos.

O CPC 1 informa que um ativo está desvalorizado quando seu valor contábil excede seu valor recuperável. Além disso, uma empresa também deve avaliar, no mínimo ao fim de cada exercício social, se há alguma indicação de que um ativo possa ter sofrido desvalorização. Se houver alguma indicação, a entidade deve estimar o valor recuperável do ativo.

Ao avaliar se há alguma indicação de que um ativo tenha sofrido desvalorização, uma entidade deve considerar, no mínimo, algumas indicações a partir de fontes externas e internas de informação, conforme apresentamos a seguir:

1. Fontes externas de informação:
    a) Durante o período, o valor de mercado de um ativo diminuiu sensivelmente, mais do que seria de se esperar como resultado da passagem do tempo ou do uso normal.
    b) Mudanças significativas com efeito adverso sobre a entidade ocorreram durante o período ou ocorrerão em futuro próximo no ambiente tecnológico, de mercado, econômico ou legal, no qual a entidade opera ou no mercado para o qual o ativo é utilizado.
    c) As taxas de juros de mercado ou outras taxas de mercado de retorno sobre investimentos aumentaram durante o período, e esses aumentos provavelmente afetarão a taxa de desconto usada no cálculo do valor em uso de um ativo em uso e diminuirão significativamente o valor recuperável do ativo.
    d) O valor contábil do patrimônio líquido da entidade é maior que o valor de suas ações no mercado.
2. Fontes internas de informação:
    a) Evidência disponível de obsolescência ou de dano físico de um ativo.
    b) Mudanças significativas com efeito adverso sobre a entidade que ocorreram durante o período ou devem ocorrer em futuro próximo, na medida ou maneira em que um ativo é ou será usado. Essas mudanças incluem o ativo que se torna inativo, planos para descontinuidade ou reestruturação da operação à qual um ativo pertence, planos para baixa de um ativo antes da data anteriormente esperada e reavaliação da vida útil de um ativo como finita ao invés de indefinida.

c) Evidência disponível, proveniente de relatório interno, que indique que o desempenho econômico de um ativo é ou será pior que o esperado.

Por exemplo, quando os analistas de projetos de concessão encontram alguma evidência proveniente de relatório interno que indique que um ativo pode ter desvalorizado, tal fato deve incluir a existência de:

1. Fluxos de caixa para adquirir o ativo ou as necessidades de caixa subsequentes para operá-lo ou mantê-lo que sejam significativamente mais elevados que os originalmente orçados.
2. Fluxos de caixa líquidos reais, lucros ou prejuízos operacionais gerados pelo ativo, que são significativamente piores que os orçados.
3. Queda significativa nos fluxos de caixa líquidos orçados, no lucro operacional ou um aumento significativo no prejuízo orçado gerado pelo ativo.
4. Prejuízos operacionais ou saídas de caixa líquidas em relação ao ativo quando os números do período atual estão agregados com os números orçados para o futuro, ou seja, existe um grau de incerteza implícito na avaliação.

Em alguns casos, as estimativas médias e cálculos sintéticos podem oferecer uma aproximação razoável dos cálculos detalhados demonstrados no CPC 1 para determinar o valor líquido de venda ou o valor em uso. Os seguintes elementos devem ser refletidos no cálculo do valor em uso do ativo:

1. Estimativa dos fluxos de caixa futuros que a entidade espera obter com esse ativo.
2. Expectativas sobre possíveis variações no montante ou período desses fluxos de caixa futuros.
3. O valor do dinheiro no tempo, representado pela atual taxa de juros livre de risco.
4. O preço decorrente da incerteza inerente ao ativo.
5. Outros fatores, como falta de liquidez, que os participantes do mercado consideram quando determinam os fluxos de caixa futuros que a entidade espera obter com o ativo.

Nesse ponto, cumpre destacar que os aspectos referenciados para a mensuração do valor em uso, em conformidade com as normas contábeis brasileiras, são análogos aos fundamentos doutrinários da metodologia do fluxo de caixa descontado.

Ainda de acordo com o referido pronunciamento, a obtenção de uma estimativa do valor em uso de um ativo envolve dois passos:

1. Estimar futuras entradas e saídas de caixa decorrentes de uso contínuo do ativo e de sua baixa final.
2. Aplicar a taxa de desconto adequada a esses fluxos de caixa futuros.

Quanto aos fundamentos para a obtenção de estimativas de fluxos de caixa futuros, o CPC 1 informa que, ao mensurar o valor em uso, o analista de investimentos deverá adotar os seguintes procedimentos:

1. Basear as projeções de fluxo de caixa em premissas razoáveis e fundamentadas que representem a melhor estimativa, por parte da administração, do conjunto de condições econômicas que existirão na vida útil remanescente do ativo – peso maior deve ser dado às evidências externas.
2. Basear as projeções de fluxo de caixa nas previsões ou nos orçamentos financeiros mais recentes que foram aprovados pela administração, que, no entanto, devem excluir qualquer estimativa de fluxo de caixa que se espera surgir das reestruturações futuras ou da melhoria e aprimoramento do desempenho do ativo (as projeções baseadas nessas previsões ou nos orçamentos devem abranger, como regra geral, no máximo cinco anos, a menos que se justifique, fundamentadamente, um período mais longo).
3. Estimar as projeções de fluxo de caixa para além do período abrangido pelas previsões ou orçamentos mais recentes pela extrapolação das projeções baseadas em orçamentos ou previsões usando uma taxa de crescimento estável ou decrescente para anos subsequentes, a menos que uma taxa crescente seja devidamente justificada. Essa taxa de crescimento não deve exceder a taxa de crescimento médio e de longo prazo para os produtos, setores de indústria e país ou países nos quais a entidade opera para o mercado no qual o ativo é utilizado, a menos que se justifique, fundamentadamente, uma taxa mais elevada.

Além dessas considerações, os analistas devem avaliar a razoabilidade das premissas nas quais as atuais projeções de fluxos de caixa se baseiam, examinando as causas das diferenças entre projeções de fluxos de caixa passadas e os fluxos de caixa reais. A equipe multidisciplinar responsável pelo projeto de EVTE deve certificar-se de que as premissas que fundamentam as projeções atuais são consistentes com os resultados reais do passado, desde que os efeitos de eventos subsequentes ou circunstâncias inexistentes quando os fluxos de caixa reais foram gerados tornem isso adequado.

Geralmente não estão disponíveis orçamentos e previsões financeiras confiáveis detalhadas e explícitas de fluxos de caixa futuros para períodos superiores a cinco anos. Por essa razão, as estimativas da administração de fluxos de caixa futuros tomam por base os orçamentos e previsões mais recentes. Os analistas podem usar projeções de fluxo de caixa com base em orçamentos e previsões financeiras para um período superior a cinco anos se estiverem convictos de que essas projeções são confiáveis e possam demonstrar sua capacidade, baseados em experiências passadas, de fazer previsão de fluxo de caixa corretamente para períodos mais longos.

Ao usar informações de orçamentos e previsões financeiras, os analistas responsáveis pelo estudo devem considerar se as informações refletem premissas razoáveis e fundamentadas e se representam a melhor estimativa, por parte da administração, quanto ao conjunto de condições econômicas que existirão durante a vida útil remanescente do ativo. Quanto à composição de estimativas de fluxos de caixa futuros, os mesmos devem incluir:

1. Projeções de entradas de caixa a partir do uso contínuo do ativo.
2. Projeções de saídas de caixa, que são incorridas necessariamente para gerar as entradas de caixa decorrentes do uso contínuo do ativo, incluindo saídas de caixa para preparar o ativo para uso, e que podem ser diretamente atribuídas ou alocadas ao ativo em base consistente e razoável.
3. Se houver, fluxos líquidos de caixa a serem recebidos ou pagos no momento da baixa do ativo no fim de sua vida útil.

Cumpre ressaltar que os analistas de projetos de futuras concessões deverão ter cuidado especial quanto à introdução dos efeitos inflacionários nos seus modelos em razão das distorções que uma eventual desconsideração desses impactos pode acarretar na acurácia das projeções.

Dessa forma, as estimativas de fluxos de caixa futuros e a taxa de desconto devem refletir premissas consistentes sobre os aumentos de preços devidos à inflação geral. Portanto, se a taxa de desconto incluir o efeito dos aumentos de preço devido à inflação geral, os fluxos de caixa futuros devem ser estimados em termos nominais. Se a taxa de desconto excluir os aumentos de preço devido à inflação geral, os fluxos de caixa futuros devem ser estimados em termos reais, porém devem incluir aumentos ou futuras reduções de preços específicos.

As projeções de saídas de caixa devem incluir aquelas necessárias para utilização e manutenção do ativo, bem como as despesas gerais indiretas que podem ser atribuídas diretamente ou alocadas ao uso do ativo em base razoável e consistente.

Quando o valor contábil de um ativo ainda não inclui todas as saídas de caixa a serem incorridas antes de estar pronto para uso ou venda, a previsão de saídas de fluxos de caixa futuros deve incluir uma previsão de qualquer saída de caixa adicional que se espera incorrer antes que o ativo esteja pronto para uso ou venda. Esse seria o caso, por exemplo, de um edifício em construção ou de um projeto de desenvolvimento que ainda não está completo.

Um detalhe importante para orientar os analistas de investimentos: para evitar dupla contagem, as estimativas de fluxos de caixa futuros não devem conter:

1. Entradas de caixa derivadas de ativos que geram outras entradas de caixa, em grande parte, independentes das entradas de caixa do ativo sob revisão, por exemplo, contas a receber.
2. Saídas de caixa que se referem a obrigações que já foram reconhecidas como passivos, como contas a pagar e provisões.

De modo geral, uma empresa pública objeto de uma concessão eventualmente deverá passar por um processo de reestruturação. Nesses casos, poderiam surgir dúvidas quanto às projeções de fluxos de caixa. O CPC 1 também orienta sobre as circunstâncias específicas que podem se verificar na gestão das empresas, tais como os processos de reestruturação. Uma reestruturação consiste em um programa que é planejado e controlado pela administração e que muda, significativamente, o negócio levado a efeito por uma entidade ou a maneira como o negócio é conduzido.

Quando a entidade se compromete com uma reestruturação, alguns ativos possivelmente serão afetados por essa reestruturação. Uma vez que a entidade esteja comprometida com a reestruturação:

1. Sua estimativa de futuras entradas e saídas de caixa com o objetivo de determinar o valor em uso deve refletir a economia de despesas e outros benefícios provenientes da reestruturação com base nas mais recentes previsões ou nos orçamentos que foram aprovados pela administração.
2. Sua estimativa de futuras saídas de caixa para a reestruturação deve ser tratada como uma provisão para reestruturação.

Um aspecto importante que deve ser ponderado pelos analistas ao elaborar um projeto econômico-financeiro de concessão diz respeito ao momento em que devem ser consideradas as eventuais entradas de caixa decorrentes de uma reestruturação.

Nesse sentido, até que a entidade incorra em saídas de caixa que melhorem ou aprimorem o desempenho de um ativo, as estimativas de fluxos de caixa futuros não devem incluir as entradas futuras estimadas de caixa que podem surgir do aumento de benefícios econômicos associados com as saídas de caixa. Isso significa que a mera intenção do dispêndio em investimentos de capital não pode servir de base para a introdução dos futuros fluxos de benefícios decorrentes desse dispêndio.

É preciso muita atenção quanto a situações específicas. Por exemplo, as estimativas de fluxos de caixa futuros incluem as saídas futuras de caixa necessárias para manter o nível de benefícios econômicos esperados a partir do ativo em sua condição atual, ou seja, para a manutenção das suas condições operacionais. Dessa forma, quando uma unidade geradora de caixa é composta de ativos com diferentes vidas úteis estimadas, sendo todos eles tidos como essenciais para a continuidade da operação da unidade, a substituição de ativos com vida mais curta é considerada como fazendo parte do gasto relacionado à utilização e manutenção da unidade quando é feita a estimativa dos fluxos de caixa futuros associados a ela.

Analogamente, quando um ativo individual abrange componentes com diferentes vidas úteis estimadas, a substituição de componentes com vida mais curta é considerada como fazendo parte do gasto relacionado à utilização e manutenção do ativo quando é feita a estimativa dos fluxos de caixa futuros gerados por esse ativo.

Do ponto de vista estritamente técnico e normativo, em consonância com as normas contábeis brasileiras, as estimativas de fluxos de caixa futuros não devem incluir entradas ou saídas de caixa provenientes de atividades de financiamento e recebimentos ou pagamentos de tributos sobre a renda.

Os fluxos de caixa futuros estimados devem ser fundamentados por premissas consistentes com a maneira como a taxa de desconto é determinada. Caso contrário, o efeito de algumas premissas será considerado em dualidade ou ignorado. Como o valor futuro da moeda é considerado no desconto de fluxos de caixa estimados, eles excluem as entradas ou saídas de caixa provenientes das atividades de financiamento. Da mesma forma, considerando que a taxa de desconto é determinada antes dos impostos, os fluxos de caixa futuros também devem ser estimados antes deles.

A estimativa de fluxos de caixa líquidos a serem recebidos ou pagos pela alienação de um ativo no fim de sua vida útil deve ser o montante que a empresa espera obter como resultado da alienação do ativo em uma transação com isenção de interesses entre partes conhecedoras e interessadas após deduzir as despesas estimadas da alienação.

A estimativa de fluxos de caixa líquidos a serem recebidos ou pagos pela alienação de um ativo no fim de sua vida útil é determinada de modo semelhante ao preço de venda líquido de um ativo. Na estimativa desses fluxos de caixa, devem ser consideradas as seguintes exceções:

1. A entidade deve usar preços em vigor na data da estimativa para ativos semelhantes que atingiram o fim de sua vida útil e que operaram em condições semelhantes àquelas em que o ativo será usado.
2. A entidade deve ajustar esses preços tanto pelo efeito de futuros aumentos por causa da inflação, como para futuros aumentos ou diminuições de preços específicos. Entretanto, se as estimativas de fluxos de caixa futuros provenientes do uso contínuo do ativo e a taxa de desconto excluírem o efeito da inflação geral, esse efeito deve ser também excluído da estimativa de fluxos de caixa líquidos sobre a alienação de ativos.

Quanto aos fluxos de caixa futuros em moeda estrangeira, o CPC 1 informa que os fluxos de caixa futuros são estimados na moeda na qual serão gerados e, em seguida, descontados, usando-se uma taxa de desconto adequada para essa moeda. A entidade deve converter o valor presente usando a taxa de câmbio à vista na data do cálculo do valor em uso.

Por fim, de acordo com o CPC 1, a taxa ou taxas de desconto empregadas nos modelos de fluxo de caixa descontados devem ser a taxa (ou as taxas) antes dos impostos e que reflitam as seguintes avaliações atuais de mercado:

1. Do valor da moeda no tempo.
2. Dos riscos específicos do ativo para os quais as futuras estimativas de fluxos de caixa não foram ajustadas.

Uma taxa de desconto que reflita avaliações atualizadas de mercado e considere o valor da moeda no tempo e os riscos específicos do ativo deve proporcionar o retorno que os investidores exigiriam se tivessem de escolher um investimento que gerasse fluxos de caixa de montantes, tempo e perfil de risco equivalentes àqueles que a empresa espera extrair do ativo.

Essa taxa é estimada a partir de taxas implícitas em transações de mercado que estão ocorrendo no momento da análise para ativos semelhantes, ou ainda a partir do custo médio ponderado de capital de uma companhia aberta que tenha ativo único ou uma carteira de ativos semelhantes em termos de potencial de serviço e de riscos do ativo sob revisão.

Não obstante, nos casos em que os fluxos estiverem em moeda de poder aquisitivo constante ou ajustados por determinados riscos, a taxa de desconto utilizada para mensurar o valor de um ativo em uso não deve refletir a inflação projetada e os riscos para os quais as futuras estimativas de fluxos de caixa já tiverem sido ajustadas. Se isso não for feito, o efeito de algumas premissas será considerado em duplicidade.

E quando não se identifica uma taxa de desconto?

Quando uma taxa de um ativo específico não estiver diretamente disponível no mercado, a entidade deve usar substitutos para estimar a taxa de desconto.

O CPC 1 ainda faz algumas considerações específicas relacionadas ao uso de técnicas de valor presente na avaliação do valor de uso. Apesar da orientação dada pelo pronunciamento utilizar o termo "ativo", o mesmo se aplica a um grupo de ativos formando uma unidade geradora de caixa.

Quanto aos componentes de uma avaliação de valor presente dos fluxos de caixa, o CPC 1 elenca um conjunto de elementos que devem assinalar as diferenças econômicas entre os ativos:

1. Estimativa dos fluxos de caixa futuros ou, em casos mais complexos, das séries de fluxos de caixa futuros que a entidade espera obter com o ativo em questão.

2. Expectativas sobre possíveis variações no valor ou no momento da efetiva ocorrência desses fluxos de caixa.
3. Valor temporal do dinheiro, representado pela atual taxa de juros livre de riscos de mercado.
4. O preço, para fazer face à incerteza inerente ao ativo.
5. Outros fatores, por vezes não identificáveis, como a falta de liquidez que os participantes do mercado embutem no valor dos fluxos de caixa futuros e que a entidade espera obter com o ativo.

Além disso, o pronunciamento contábil CPC 1 compara duas abordagens de apuração do valor presente, uma vez que ambas, dependendo da situação, podem ser utilizadas para estimar o valor de uso de um ativo.

Pela abordagem dita "tradicional", os ajustes para os fatores relacionados entre os elementos (2) e (5), ora descritos, estão embutidos na taxa de desconto. Na abordagem com base no fluxo de caixa esperado, os fatores (2), (4) e (5) geram ajustes para se obter os fluxos de caixa esperados ajustados pelo risco. Independentemente da abordagem que a empresa adote para refletir as expectativas sobre eventuais variações no valor ou momento de fluxos de caixa futuros, o resultado deve ser o reflexo do valor presente esperado dos fluxos de caixa futuros, ou seja, a média ponderada de todos os resultados possíveis.

Tal como os aspectos a serem observados na avaliação a valor presente, é preciso destacar que as técnicas usadas para estimar fluxos de caixa futuros e taxas de juros variam de uma situação para outra, dependendo das circunstâncias em torno do ativo em questão. Entretanto, os seguintes princípios gerais norteiam qualquer aplicação de técnicas de valor presente na avaliação de ativos:

1. As taxas de juros utilizadas para descontar fluxos de caixa devem estar fundamentadas em premissas consistentes com as que são inerentes aos fluxos de caixa estimados. Caso contrário, o efeito de algumas premissas será contado em duplicidade ou ignorado. Por exemplo, a taxa de desconto de 12% pode ser aplicada a fluxos de caixa contratuais relativos a um empréstimo a receber. Se supusermos que essa taxa reflete expectativas sobre inadimplência futura dos empréstimos quanto a características específicas, então a mesma taxa de 12% não deve ser utilizada para descontar os fluxos de caixa esperados porque eles já consideram as premissas sobre inadimplência futura.
2. A taxa de desconto e os fluxos de caixa estimados devem estar livres de distorções e de fatores não relacionados ao ativo em questão. Por exemplo, se um analista apresentar fluxos de caixa líquidos estimados deliberadamente a menor para melhorar a aparente rentabilidade futura de um ativo será introduzida uma distorção na avaliação.

3. Os fluxos de caixa estimados ou taxas de descontos devem apontar alguns resultados possíveis e não um valor mínimo ou máximo provável.

Verifica-se que existem muitas especificidades na construção e modelagem de projeções de fluxos de caixa futuros, relativos a uma operação, com vistas ao estabelecimento de um *valuation* que permita orientar os tomadores de decisão em uma futura privatização da entidade considerada. O fundamental nessa avaliação é construir uma modelagem suportada por fundamentos doutrinários e normativos baseados em premissas consistentes, sem o que poderá ocorrer frustração de expectativas no resultado pretendido.

capítulo 7

Aspectos de gestão de riscos em concessões

O presente capítulo trata dos aspectos relativos à gestão do risco na modelagem de concessões. O tema compreende a sequência de procedimentos voltados para a identificação dos fatores de riscos que podem impactar o projeto, sua quantificação e mensuração e, por fim, sua mitigação ou eliminação. O controle permanente dos procedimentos de administração de riscos é fator de sucesso para empreendimentos dessa natureza, ainda mais considerando a grande interação que as operações mantêm com os elementos do meio ambiente físico e com as dimensões políticas e regulatórias do poder concedente.

Análise dos elementos de risco

O conceito de risco, ou volatilidade, já é bastante consagrado no âmbito das finanças empresariais, sendo objeto de várias correntes doutrinárias que remontam aos trabalhos de Bachelier, no início do século XX, passando por Markowitz, Sharpe e vários outros pensadores. Em regra, associa-se o risco a um grau de variabilidade conhecido.

Sendo assim, o risco não representa uma incerteza, mas um evento conhecido, cujo acontecimento pode ocasionar variância no resultado de diversos indicadores operacionais, financeiros e econômicos de um negócio.

Não obstante, devemos nos ater ao fato de que essas variâncias não estão restritas apenas sob o viés com impacto negativo: podem existir situações nas quais essa mesma volatilidade, representada estatisticamente pela variância, pode se afigurar em uma dada oportunidade.

Quando avaliamos um risco devemos saber que seus efeitos podem ser múltiplos, de tal forma que um único evento pode causar impactos positivos ou negativos em diversas áreas ao mesmo tempo.

Também devemos nos ater ao fato de que o risco de optar por uma empreitada tem correlação ampla com a variável tempo. Nesse caso, quanto maior a exposição aos fatores presentes em determinado risco, maior a chance de o evento se manifestar durante o desenvolvimento da atividade.

De acordo com esse raciocínio, a empresa mais preparada para gerir as atividades exploratórias firmadas mediante um contrato de concessão será a que manifestar maior capacidade de gerenciar os riscos inerentes a um projeto, uma vez que estará mais apta a adotar com agilidade planos de ação em resposta a eventualidades ao longo do desempenho de suas atividades.

Algumas técnicas testadas pelo mercado, como as apresentadas no *project management book of knowledge* (PMBOK/2004), apontam para a importância de adotar um processo contínuo de identificação, análise e resposta aos riscos de um projeto:

1. Planejamento: Estágio inicial da gerência dos riscos no qual devem ser definidas as principais estratégias e diretrizes que serão abordadas durante o processo.
2. Identificação: Consiste em determinar e documentar os prováveis riscos que podem ocorrer durante o projeto.
3. Análise qualitativa: Estudo das características dos riscos visando, entre outras coisas, destacar seus efeitos no objetivo do projeto.
4. Análise quantitativa: Estudo que proporciona a quantificação da probabilidade de ocorrência dos riscos e a estimativa de suas implicações nos objetivos do projeto.
5. Planejamento de resposta aos riscos: Trata do desenvolvimento de técnicas e procedimentos de resposta aos riscos que podem ocorrer durante o projeto.
6. Controle e monitoração: Execução dos procedimentos de resposta às situações de risco que ocorrerem durante o período de projeto, analisando a sua efetividade e identificando novas situações possíveis de risco.

Apesar de serem procedimentos distintos entre si, cabe ressaltar que há uma profunda interação entre eles durante toda a prática de gerência de riscos, não havendo elemento mais ou menos importante no processo, pois é de amplo conhecimento que é impossível iniciar atividades de controle e monitoração de forma ágil, correta e efetiva sem anteriormente ter cumprido as etapas de planejamento pertinentes.

Dessa forma, não é viável executar o planejamento de resposta sem uma análise qualitativa e quantitativa dos riscos, uma vez que a implementação das análises tem como elemento predecessor sua identificação.

A despeito da certeza de que o uso de técnicas robustas e modernas de avaliação de riscos é primordial para o sucesso de um projeto de concessão ou de parceria público-privada, cabe aqui uma consideração importante: aconselhamos que os modelos criados não sejam rígidos e engessados, pois a técnica ajuda na concisão da modelagem, mas não é um roteiro genérico que serve para qualquer empreitada. Sendo assim, precisamos ter em mente que a importância de qualquer modelo deve residir nos princípios adotados que representam o alicerce basilar que nortearão os processos de gerência dos riscos.

Procedimentos de identificação de riscos

Podemos afirmar que a identificação é um processo que depende, como mencionado anteriormente, da realização de um planejamento de gerência de riscos conciso e abrangente. Somente dessa forma é possível adquirir consciência dos prováveis riscos envolvidos em um processo de concessão de infraestrutura.

Nesse sentido, é de vital importância consolidar dados, informações e conhecimentos, visando adquirir a melhor compreensão possível da missão que representa o cerne do projeto: escopo, objetivos, prazos e variáveis econômicas, financeiras e qualitativas diretamente relacionadas ao processo da concessão onerosa.

Destaca-se que identificar os riscos não representa uma atividade estanque, trata-se de um processo interativo e contínuo associado à dinâmica dos recursos direta e indiretamente envolvidos.

Esse tipo de trabalho depende muito do grau de conhecimento, experiência e capacidade de abstração das pessoas envolvidas diretamente no projeto, além dos processos e algoritmos matemáticos e computacionais envolvidos no dimensionamento.

Identificar riscos é uma tarefa complexa, na qual inexistem roteiros ou receitas de bolo, em consonância com as definições do PMBOK (PMI PROJECT MANAGEMENT INSTITUTE, 2012). Uma das principais técnicas no processo de identificação de riscos está pautada na busca e agrupamento de informações. Sendo assim, o produto da análise, verificação e comparação dessas informações será um dos principais balizadores para identificar a existência de situações de risco.

O conhecimento é um fator-chave para identificar, qualificar e quantificar riscos. Algumas metodologias, além da contratação de consultorias, podem auxiliar a apreender as informações e conhecimentos de especialistas no assunto, como o *brainstorming* e os métodos Delphi, What If...? e SWOT (*strengths, weaknesses, opportunities, threats*).

Essas técnicas devem ser integradas, já que uma pode complementar as fragilidades da outra e seu uso conjunto tende a resultados mais completos. Passemos a descrever cada uma delas:

Brainstorming

Uma das técnicas mais interessantes e bastante utilizadas no início de um projeto é o *brainstorming*. No caso dos riscos, um grupo de especialistas é convidado a se reunir para identificá-los no projeto.

A melhor forma de organizar um *brainstorming* é começando pela escolha de um bom moderador para conduzir os encontros com agilidade e bom uso do tempo. Cabe lembrar que nesse tipo de análise não existem grandes preocupações com fundamentações teóricas, mas em elencar fatores que podem se configurar como riscos no andamento do projeto. É interessante contar com a participação de especialistas multidisciplinares, visando identificar com abrangência o impacto dos riscos identificados pelo grupo.

Método Delphi

A técnica Delphi foca na especialidade de cada membro do grupo e baseia-se em rodadas de questionários para identificar riscos potenciais e que devem ser respondidos individualmente.

A cada rodada de questionários, as informações adquiridas nos processos anteriores são enviadas aos demais especialistas do grupo. Assim, novas ideias e comentários são acrescentadas ao resultado final.

Análise SWOT

No método SWOT o objetivo é analisar os pontos fortes e fracos referentes ao negócio focal, da mesma forma que são analisadas as oportunidades e as ameaças associadas. A análise dos pontos levantados é o elemento que possibilita visualizar riscos potenciais que podem, ou não, acontecer nas fases seguintes do projeto.

Técnica *what if...?*

A técnica *what if...?* documenta todos os resultados de perguntas do tipo: "o que aconteceria se...?". Esse questionamento, aplicado a um conjunto de fatores exógenos e endógenos pertinentes ao ciclo de vida de um contrato de concessão rodoviária, por exemplo, permite gerar uma relação dos riscos principais e de maior impacto.

O principal benefício da técnica *what if...?* no processo de identificação dos riscos mais relevantes associados às concessões brasileiras é que ela é fácil de aplicar. Entretanto, convém ressaltar que, ainda assim, é essencial a participação de *experts* no assunto da discussão, pois respostas erradas podem levar à crença de ausência de outros riscos que os analisados. Além disso, como vivemos em um mundo dinâmico, a constante atualização da análise é um fator necessário.

Categorias de riscos que podem impactar um projeto de concessão

Depois dos levantamentos iniciais e já de posse do conjunto de informações, devemos alocar os riscos em categorias a fim de facilitar sua compreensão e, por conseguinte, a melhor forma de mitigá-los.

A tabela de referência a seguir apresenta os riscos para um projeto de concessão rodoviária:

Tabela 7.1 Quadro de referência de riscos em concessões rodoviárias

Riscos	Descrição
Projeto	Inadequação do projeto com as especificações do serviço a ser prestado.
	Modelagem muito rígida configurando fator impeditivo para a redução de custos que não prejudiquem a manutenção da qualidade demandada.
	Falha na correta definição das condições necessárias de fiscalização das posteriores etapas da concessão.
Ambiental	Existência de passivos ambientais.
	Atrasos e/ou aumento de custos para obtenção das licenças necessárias.
Localização	Disponibilidade e aumento de custo das áreas necessárias para realizar as obras.
	Atraso em desapropriações.
	Proximidade de áreas de preservação ambiental ou de conservação que demandem alteração de traçado.

(continua)

Tabela 7.1 Quadro de referência de riscos em concessões rodoviárias (continuação)

Riscos	Descrição
Localização	Condições geológicas adversas ou não previstas.
	Descobertas arqueológicas.
Financeiro	Falha no dimensionamento de demanda: quando superestimada pode levar a risco de caixa e quando subdimensionada acarreta em alteração na demanda por investimentos comprometendo o *project finance*.
	Perda do apetite de risco pelo investidor.
	Evasão de receitas por causa de rotas de fuga.
	Tarifa: inviabilidade de cobrança por ação judicial.
	Financiamento: risco de obtenção dos empréstimos na quantidade e condições desejadas.
	Risco de depreciação do valor residual do bem ao final do contrato.
Força maior	Social: guerra, boicote, tumulto, ato terrorista.
	Natural: terremoto, enchente, furacão, seca, deslizamento de terra.
Político e regulatório	Alteração contratual unilateral.
	Expropriação ou nacionalização de ativos.
	Alteração em legislação fiscal/ trabalhista que impactem em aumento de custos.
	Mudanças de regras de exploração.
Macroeconômico	Taxa de juros.
	Taxa de câmbio.
	Inflação.
Construção	Atrasos na realização de obras.
	Estouro de orçamento da construção (*cost overrun*).
	Defeitos latentes.
	Alterações em design definidas *a posteriori*.

(continua)

Tabela 7.1 Quadro de referência de riscos em concessões rodoviárias (*continuação*)

Riscos	Descrição
Operação	Estouro de orçamento das operações (*cost overrun*).
	Manutenção mais frequente que o planejado pelo projeto inicial.
	Aumento do fluxo de veículos com sobrecarga.
Fiscalização	Planejamento de pedágios para evitar rotas de fuga.
	Instalação de postos de fiscalização e de pesagem para evitar excesso de peso, prejudicando o pavimento.
	Instalação de balanças e postos de pesagem de veículos para evitar o sobrepeso que prejudica o pavimento.
Monitoramento e comunicação (câmeras ao longo da via)	Evitar tráfego de pessoas na pista – condutor de carro avariado aguarda socorro no veículo.
	Incidentes de segurança: integração das imagens com a PRF para dar pronta ação contra ilícitos praticados ao longo da via.
	Riscos de imagem: disponibilização de canal de comunicação entre cliente, concessionária e agente regulador.

Fonte: Secretaria de Política Nacional de Transportes (SPNT) – Ministério dos Transportes.

O gerenciamento de riscos em project finance *de concessão rodoviária*

Quando um projeto de concessão de infraestrutura é concebido, faz-se necessário avaliar uma série de aspectos relativos aos riscos envolvidos na operação, que devem ser de alguma forma mitigados para viabilizar o empreendimento. Giambiagi e Além (2008, p. 440) assinalam a existência de três tipos de riscos: os de projeto, que são próprios do negócio, os relativos às características do país onde o projeto vai ser implementado e os inerentes ao mercado.

Os riscos de projeto podem ser de dois tipos: risco de construção e riscos de operação. Os riscos de construção estão relacionados à possibilidade de atraso, abandono da obra por parte da construtora encarregada ou um incremento inopinado de custos em relação ao orçamento inicial, além de outros eventos que possam acarretar ônus adicionais ao projeto. Os riscos da operação, por sua vez, estão ligados a problemas de suprimentos ou outros eventos típicos de mercado que afetem a rentabilidade do projeto.

Os riscos do país estão associados às condições políticas, econômicas e geográficas com destaque para os riscos político, macroeconômico e de caso fortuito.

O risco político está associado à autoridade dos governos, por meio de seu poder discricionário, de alterar regras-chave para o cálculo econômico do projeto (por exemplo, reajustando tarifa), quebrar acordos pactuados em contratos ou realizar desapropriações, com prejuízos econômicos para as partes afetadas. Os episódios envolvendo as decisões do presidente da Bolívia, relacionados aos ativos da Petrobras na década passada, configuram essa modalidade de risco.

O risco macroeconômico, por sua vez, pode ser desdobrado em uma série de outros riscos, já que a evolução econômica do país pode ser diferente da inicialmente prevista pelos sócios e patrocinadores de um projeto. Em geral esses riscos estão associados a uma evolução desfavorável de variáveis, como taxas de juros e de câmbio, que podem afetar os termos de endividamento ou o crescimento do PIB.

Ainda no elenco de riscos do país, existe o risco de caso fortuito ou de força maior, que se refere à ocorrência de algo que implique perda substancial ou total do capital investido. Tais riscos podem resultar, por exemplo, de fenômenos vinculados à geografia da região: terremotos, secas ou inundações e também fenômenos de natureza política, como guerras ou ataques terroristas.

Por fim, os riscos de mercado ou de demanda estão relacionados à possibilidade de frustração do retorno econômico esperado com o projeto. Em razão da natureza dos serviços que podem ser objeto de *project finance*, o setor público pode funcionar como um importante agente de mitigação dos riscos de mercado, garantindo uma remuneração mínima para o capital investido. O mecanismo seria o seguinte: sempre que o retorno estiver abaixo do previsto como a taxa mínima de remuneração do investimento, o setor público complementaria a diferença, garantindo a viabilidade econômica do empreendimento.

Embora seja desejável que uma parcela do risco de mercado seja assumida pelo parceiro privado, não podemos esquecer que muitos dos serviços que podem ser objeto de um *project finance* são de natureza de bem público, fato que justifica o setor público assumir parte relevante desses riscos.

Não obstante, embora seja justificável o compartilhamento de riscos entre os setores público e privado, é recomendável que o setor privado seja o responsável pelos riscos inerentes à construção dos ativos fixos do empreendimento, bem como pela provisão do serviço. Há um possível conflito de interesses que pode advir do compartilhamento de capital (relativos ao financiamento) com o setor público, que é desestimular o parceiro privado a buscar a melhor eficiência na execução do projeto. Em geral, os múltiplos tipos de riscos podem ser cobertos por meio de seguros específicos com custos proporcionais aos riscos que cobrem.

Há um aspecto, porém, de acordo com Borges e Neves (2005, p. 73-118), que vem sendo relegado no debate público, embora seja do conhecimento dos técnicos e operadores (que a compreendem por experiência): a necessária revisão econômico-financeira dos projetos. Em geral, mesmo as obras domésticas não levam o tempo estimado nem se restringem ao custo previsto originalmente.

Por essa razão os projetos devem exigir um colchão de fontes para cobrir essa complementação e uma tolerância nos prazos para compensar incertezas e imprevistos. Essa premissa exige a previsão de uma política de gestão dos contratos compartilhada preferencialmente para a tomada de decisões e respostas rápidas aos pedidos de excepcionalidade (*waiver*[1]).

Nesse sentido, os riscos do modelo e sua respectiva mitigação passam pelo atendimento do aspecto relativo à credibilidade. Trata-se de um fator-chave em toda parceria, especialmente em projetos de longo prazo. Um fator crítico da implantação das PPPs no Brasil é a credibilidade quanto à disponibilidade de recursos anuais para a complementação da receita, em razão da existência de exemplos históricos de quebra de regras contratuais.

A lei das PPPs tratou com atenção a questão da credibilidade relacionada à disponibilidade de recursos anuais para complementação da receita do projeto. As despesas com projetos de PPPs terão de constar dos orçamentos federal, estadual e municipal, demonstrando que não estão sujeitas ao contingenciamento. Há múltiplas previsões na Lei nº 11.079/04 para as PPPs no âmbito federal que visam atender à credibilidade necessária para atrair investidores e parceiros privados, entre as quais, destacamos:

1. Comprovação do respeito a um limite geral de comprometimento de 1% da receita líquida corrente da União (excluídas as sociedades de controle público federais para existência de margem à licitação de uma PPP).
2. Os estados e os municípios que não observarem igual limitação estarão impedidos de receber transferências voluntárias da União.
3. A existência do fundo garantidor das parcerias público-privadas (FGP), administrado por agente financeiro público, para o qual a União está autorizada a subscrever R$ 6 bilhões, que funcionarão como uma reserva de liquidez para cobrir impedimentos ocasionais da contrapartida do Estado.
4. As licitações das PPPs atenderão às disposições da lei e, supletivamente, das leis de licitações e de concessões.

A Lei de Responsabilidade Fiscal é um instrumento de forte respaldo, devidamente convocado na lei de PPP, para restaurar a credibilidade, permitindo que investimentos relativos à PPP automaticamente constem do orçamento federal, estadual ou municipal. Sua flexibilização poderá acarretar danos irreparáveis ao instituto da PPP, destacam Borges e Neves (2005).

---
1. Renúncia de direitos legais ou interesses. Em economia, refere-se à dispensa do cumprimento de exigências contratuais em empréstimos internacionais.

Outro aspecto a ser considerado diz respeito à esfera de poder no qual o processo é executado. Existem processos demandantes de recursos tanto no âmbito federal como no estadual e municipal, embora estes últimos sejam os que têm maior dificuldade em atender às limitações, como o valor mínimo a ser considerado em um contrato de PPP, que é de R$ 20 milhões. Os processos podem ser completamente distintos, dependendo da esfera de competência ou mesmo dos sucessivos programas em diferentes governos, em uma mesma esfera legal. A eventual incapacidade das equipes de técnicos públicos para elaborar o edital e acompanhar o contrato de prestação de serviços também pode contribuir para enfraquecer a credibilidade de uma PPP.

A parceria público-privada exige um longo período de negociações e de maturação dos acordos, o que, via de regra, não é percebido ou bem recebido por todos os interessados.

A falta de jurisprudência em institutos do novo código civil, que poderiam ajudar a instituição de PPPs, acarreta novas incertezas ao ambiente de negócios. Em regra, a ausência de certeza será vista como risco pelos parceiros privados e pelos investidores em títulos decorrentes de PPPs, e também será considerada pelos agentes interessados na parceria a credibilidade do marco regulatório e de sua operacionalização no longo prazo. A falta de definições sobre o poder concedente pode deixar de fora da hipótese de emprego das PPPs uma boa parte de projetos de saneamento, que têm um perfil que se encaixa muito bem nesse modelo.

Complementando essa abordagem de apresentação de riscos e suas coberturas, Bonomi e Malvessi (2002, p. 26) registram que a classificação de riscos em projetos depende muito do observador e dos interesses envolvidos. Os mesmos autores sugerem adotar uma classificação mais pragmática, selecionando os riscos de acordo com a capacidade de mitigá-los. Nesse sentido, eles podem ser assim elencados: riscos estratégicos com coberturas contratuais, riscos seguráveis e riscos com cobertura por derivativos.

Os riscos estratégicos com cobertura contratual são os que podem ser mitigados por meio da revisão de prioridades estratégicas ou pela adoção de cuidados especiais na forma jurídica de sua contratação. Nos casos em que os bens que serão produzidos tenham demandas instáveis ou muito dependentes de fatores externos, é importante firmar contratualmente garantias que eliminem ao máximo as distorções dos fluxos de caixa projetados.

Os riscos seguráveis são os que podem ser mitigados por intermédio da cobertura de apólices de seguro conhecidas como *performance bonds*, cuja finalidade é dar cobertura aos riscos de engenharia e de lucros cessantes. Além disso, em certos casos, proporcionam cobertura aos riscos políticos.

Por fim, os riscos com cobertura por derivativos são aqueles que podem ser mitigados por meio dos instrumentos financeiros derivativos capazes de atenuar os riscos de duas formas: por meio de contratos de antecipação ou de termo ou contratos de opções.

Os contratos de antecipação, ou de termo, são os que o titular do contrato estabelece o preço que vai pagar no futuro. Os contratos mais comuns são os de *hedge* cambial, que oferecem proteção contra variações cambiais indesejadas. Existem também contratos que eliminam variações não desejadas das taxas de juros.

Os contratos de opções são especiais: dão ao seu titular o direito, mas não a obrigação, de comprar ou vender um ativo a preço predeterminado em data futura. As formas mais usuais desses contratos são as opções de compra e de venda de ações.

O caso da frustração de receita na concessão do aeroporto do Galeão

Em 2014, o aeroporto Antônio Carlos Jobim – Galeão, no Rio de Janeiro, passou a ser administrado pela iniciativa privada por um prazo de 25 anos. O governo federal firmou um contrato de concessão com o consórcio Aeroportos do Futuro, liderado pela empresa Odebrecht TransPort e pela empresa chinesa Changi Airports International, que venceu o leilão realizado pelo governo federal em novembro do ano anterior.

A operação seria desenvolvida pelo consórcio vencedor por meio de uma sociedade de propósito específico constituída na forma de sociedade por ações, de acordo com as leis brasileiras, com sede e administração no Brasil, para deter a participação na concessionária e celebrar o acordo de acionistas com a Infraero, de acordo com o contrato de concessão. A Infraero seria titular de 49% do capital social da SPE.

Havia uma previsão de que o valor presente de todos os benefícios futuros a serem auferidos corresponderia ao valor do contrato. O valor do contrato, correspondente ao valor presente das receitas tarifárias e não tarifárias estimadas para todo o prazo da concessão, é de R$ 12.953.071.000,00 (doze bilhões, novecentos e cinquenta e três milhões e setenta e um mil reais) para o aeroporto do Galeão. O valor do contrato tem efeito meramente indicativo, não podendo ser utilizado por nenhuma das partes para pleitear a recomposição de seu equilíbrio econômico-financeiro.

O objeto do contrato consiste na concessão dos serviços públicos para a ampliação, manutenção e exploração da infraestrutura aeroportuária do complexo aeroportuário a ser implementada em fases. As definições operacionais da concessão foram estabelecidas de acordo com um plano de exploração do aeroporto (PEA).

O poder concedente deveria ser remunerado por meio de uma outorga, cujo valor corresponderia a uma contribuição fixa e uma contribuição variável. A contribuição fixa corresponde ao montante anual de R$ 760.755.520,00 (setecentos e sessenta milhões, setecentos e cinquenta e cinco mil e quinhentos e vinte reais), decorrente da oferta realizada no leilão da presente concessão. Por sua vez, o pagamento da contribuição variável se dará no momento da apresentação dos demonstrativos contábeis nos prazos de publicação das S.A. A contribuição variável corresponderá ao montante anual, em reais, resultante da aplicação de alíquota de 5% sobre a totalidade da receita bruta da concessionária e de suas eventuais subsidiárias integrais.

Um modelo como esse pressupõe que a sociedade de propósito específico estabeleça objetivos de transparência, tais como observar padrões de governança corporativa e adotar contabilidade e demonstrações financeiras padronizadas.

A concessionária tinha a expectativa de auferir receitas tarifárias e receitas não tarifárias. As receitas tarifárias serão constituídas pelas tarifas, sendo vedada à concessionária a criação de qualquer outra cobrança tarifária que não esteja prevista no contrato. Além disso, a concessionária poderia explorar atividades econômicas que gerassem receitas não tarifárias, conforme previsto no PEA, diretamente ou mediante a celebração de contratos com terceiros, em regime de direito privado.

Contudo, no item do contrato de concessão relativo aos riscos suportados exclusivamente pela concessionária, de um elenco de 25 hipóteses de eventos de risco, chamam atenção os seguintes:

1. Aumentos de preço nos insumos para a execução das obras, salvo quando decorram diretamente de mudanças tributárias.
2. Investimentos, custos ou despesas adicionais decorrentes da elevação dos custos operacionais e de compra ou manutenção dos equipamentos.
3. Não efetivação da demanda projetada ou sua redução por qualquer motivo, inclusive se decorrer da implantação de novas infraestruturas aeroportuárias dentro ou fora da área de influência do aeroporto.
4. Estimativa incorreta do custo dos investimentos a serem realizados pela concessionária.

Especificamente a hipótese de riscos relativas à não efetivação da demanda nos parece mal desenhada, pois, se a receita do poder concedente depende do fluxo de caixa esperado, bem como de a Infraero ser detentora de 49% do capital social, ele também deveria, de alguma forma, suportar esse ônus.

O tempo demonstrou a inadequação do modelo. Em agosto de 2016, a mídia noticiava que o consórcio que administra o aeroporto do Galeão encontrava-se em grave situação financeira, decorrente da frustração de receitas, que não seriam suficientes para pagar o valor da outorga, concomitantemente ao valor de um empréstimo-ponte do BNDES. A dívida a ser paga, até 2017, seria de quase R$ 3 bilhões. Tais falhas de modelagem podem comprometer o sucesso de eventuais novas tentativas de estabelecer parcerias no Brasil.

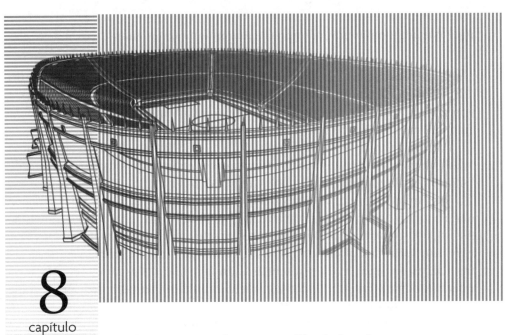

capítulo 8

A falácia da modicidade tarifária e a importância das taxas de retorno dos investimentos

O equilíbrio econômico-financeiro nas concessões é, talvez, um dos fatores mais relevantes para a sustentabilidade do empreendimento ao longo do tempo. Não obstante, existe um descompasso no que se define por serviço adequado em face da questão da modicidade tarifária, que se situa em posição oposta na obtenção desse frágil e delicado equilíbrio, sobretudo porque aí habitam imperativos de ordem política que subvertem a lógica conceitual da economia financeira.

Quanto à definição do que vem a ser um serviço adequado, a Lei de Concessões (Lei nº 8.987/95), no art. 6º, em seu §1º, estabelece que é aquele que satisfaz as condições de regularidade, continuidade, eficiência, segurança, atualidade, generalidade, cortesia em sua prestação e modicidade tarifária.

Esses conceitos dependem da correta interpretação de uma série de outros elementos de definição antes de assumir sua materialidade. A questão que se apresenta ao decisor é que a maioria deles não está bem especificada na legislação. Sendo assim, fica aberto um campo para a interpretação.

Por exemplo, no §2º do referido artigo há a afirmação de que o termo "atualidade" significa utilizar técnicas, equipamentos e instalações modernas, considerando sua conservação e a melhoria e expansão do serviço.

Mas, quanto ao aspecto da continuidade, a lei informa apenas duas situações que não caracterizam a sua ocorrência, previstas no §3º do art. 6º em questão. Assim, a descontinuidade de um serviço em situação de emergência ou após aviso prévio, quando for motivado por imperativos de ordem técnica, segurança das instalações ou ainda em virtude de inadimplemento do usuário, considerado o interesse da coletividade, não é considerada uma interrupção dos serviços adequados previstos em lei.

Destarte, em virtude da definição de um termo, é inescapável que uma delegação de serviço público, em razão da importância de que se reveste, bem como por se tratar de prestação legalmente imposta ao Estado pela ordem jurídica, deve ser prestada de maneira contínua ao usuário, ou seja, não é passível de interrupção.

Não há definição ou caracterização dos termos regularidade, eficiência, segurança, generalidade e cortesia em sua prestação, o que pode dar margem ao exercício de subjetividade e, consequentemente, insegurança jurídica.

Por sua vez, também não há um consenso relacionado à amplitude do que é modicidade tarifária, pois a legislação apenas estabeleceu critérios vagos para a política tarifária, conforme se depreende do art. 9º da Lei de Concessões que estabelece que a tarifa do serviço público concedido será determinada pelo preço da proposta vencedora da licitação e preservada pelas regras de revisão previstas na própria lei, no edital e no contrato. Dispõe ainda que os contratos poderão prever mecanismos de revisão das tarifas, a fim de manter o equilíbrio econômico-financeiro.

Entrementes, aquilo que a lei não definiu, vários doutrinadores passaram a elucubrar. Considerando que a doutrina também influencia as decisões das diversas instâncias do poder judiciário, estão contratadas as condições para celeumas futuras, o que acarretará um custo implícito decorrente do aumento dos riscos operacionais inerentes às concessões.

Um breve olhar sobre a doutrina relativa ao tema encontra pérolas, tais como esta encontrada em Alexandrino e Paulo (2002, p. 400), ao afirmarem que a remuneração pelos serviços deve ser razoável, não se admitindo que as concessionárias possam auferir lucros extraordinários ou praticar margens exorbitantes.

Outro brilhante exercício de promoção de justiça social à custa do dinheiro alheio pode ser encontrado nas palavras de Marinella (2007, p. 441) acerca da modicidade tarifária:

Esse princípio decorre de um raciocínio simples: o Brasil é um país relativamente pobre, tendo o serviço público que atingir e satisfazer os diversos grupos sociais na persecução do bem comum. Sendo assim, quando esse serviço depender de uma cobrança, ela deve ser condizente com as possibilidades econômicas do povo brasileiro, ou seja, a mais baixa possível.

Por sua vez, Mello (2010, p. 744), um pouco menos enfático que Marinella, porém ainda descomprometido com a lógica econômico-financeira que o caso impõe, enfatiza a importância desse princípio, segundo sua visão. Segundo ele, "tal modicidade, registre-se, é um dos mais relevantes direitos do usuário, pois, se for desrespeitada, o próprio serviço terminará por ser inconstitucionalmente sonegado [...]"

Contudo, vamos nos deter ao conceito de regularidade proposto por outro doutrinador. De acordo com Gasparini (2003, p. 285), para que haja regularidade do serviço público, é necessário que ele seja prestado com atenção às regras impostas pela administração pública.

Assim, a regularidade força que os serviços sejam prestados de acordo com padrões de qualidade e quantidade impostos pela administração pública considerando-se o número e as exigências dos usuários, sem que se deixe de observar as condições técnicas exigidas pela própria natureza do serviço público e as condições de sua prestação.

Com base em todos os conceitos apresentados, não é difícil constatar que, se todos os pressupostos do serviço adequado forem atendidos, haverá uma impossibilidade lógica de operação. Todos os elementos caracterizadores do serviço adequado implicam dispêndios por parte do ofertante do serviço, em especial a garantia de continuidade da operação, sua regularidade atendendo a requisitos normativos e legais, os aspectos de qualidade e uso de técnicas modernas, enfim, uma plêiade de aspectos que podem ser arguidos judicialmente, de boa-fé ou não, com o objetivo de questionar a legitimidade de um eventual concessionário.

A questão fundamental é que a única forma de viabilizar todos os requisitos será por meio da receita auferida de tarifas. Ora, se além de todas essas exigências for imposto que a tarifa seja módica, grande será a possibilidade de frustração dos demais requisitos essenciais de caracterização do serviço adequado.

Em regra, há uma falsa percepção nos atores políticos, nos membros do poder judiciário e nos cidadãos comuns de que o Estado, em seu sentido lato, deve ser um grande provedor. Não há a compreensão de que se trata de um raciocínio circular, pois, ao fim e ao cabo, todos nós pagamos pelos dispêndios públicos. Nesse mesmo diapasão, é preciso compreender que a exigência de uma boa infraestrutura, que atenda aos requisitos do serviço adequado, não é compatível com a provisão de infraestrutura barata que justificaria a modicidade tarifária.

Nesse sentido, para conciliar a demanda por um serviço adequado com a condição de tarifa módica, é preciso adotar medidas capazes de obter os requisitos de adequação sem que o equilíbrio econômico-financeiro seja prejudicado. Com isso, cria-se os incentivos corretos aos agentes econômicos. Um investidor decide por um negócio com base em sua avaliação de risco e retorno, dadas as suas preferências. Ora, se aspectos supervenientes forem impactar a sua taxa de retorno, novos investimentos não serão realizados.

Na minha opinião, as dificuldades dos usuários de baixa renda para suportar os custos de transporte sobre sua cesta de consumo devem ser resolvidas de outra maneira que não seja degradando o equilíbrio econômico-financeiro da concessão. Penso que se o Estado, por meio de seus representantes políticos, entende ser pertinente que as classes menos favorecidas tenham menores custos de transportes, que o faça por meio de transferências diretas de renda e não por artifícios inconsistentes com a lógica econômica.

O mercado, como instrumento de coordenação entre os agentes econômicos, ainda é, a despeito do ranço ideológico, a entidade mais eficiente para determinar o referencial de valor e seu consequente sinal para a eficiente alocação de recursos. Nesse sentido, para estabelecer um critério de referência tarifária, nos parece que um leilão, cujo vencedor oferecesse o menor preço do serviço que seguisse as balizas normativas requeridas, seria o procedimento mais efetivo.

Usando esse critério, o poder concedente obteria um efetivo mecanismo de revelação da tarifa, ou seja, se valeria das forças do próprio mercado, por meio do certame proposto, para conhecer o melhor referencial tarifário para financiar a operação. Por sua vez, já que existe uma relação direta entre a tarifa e a taxa interna de retorno (TIR) do investimento pretendido, o mercado seria também responsável por sinalizar a TIR adequada para o projeto.

É bem verdade que, se por um lado o mercado é um excelente instrumento de coordenação para os agentes econômicos operarem com eficiência, por outro, a racionalidade econômica, qual seja, a tentativa de maximizar ganhos em face dos riscos incorridos, não se prende em considerações de caráter moral. Sendo assim, embora os leilões promovidos pelo ente público para obter a melhor proposta em uma operação de concessão funcione como instrumento de balizamento tarifário, não se pode descurar do fato de que, eventualmente, podem surgir comportamentos oportunistas.

Seria o caso de, por exemplo, postulantes que oferecessem estudos de tarifas sem critérios de razoabilidade, inviáveis no curso da operação. Nesses casos, a expectativa desses atores oportunistas seria criar um fato consumado para os agentes de regulação pressionando por aumentos nos valores das tarifas, ou mesmo por alterações no cronograma dos investimentos previstos, postergando dispêndios para a fase final da concessão ou mesmo tentando alterar alguma obrigação contratual.

O fato é que há necessidade de não se deixar enganar pela falácia da modicidade tarifária, com o argumento de que, assim procedendo, se estaria protegendo o direito das classes menos favorecidas. Uma parceria público-privada não é um instrumento de política de distribuição de rendas e seu emprego equivocado pode aumentar, em vez de reduzir, a tensão social e o clima de instabilidade política de governos locais fracos e com dificuldades de gestão.

Uma boa modelagem de concessão, seja ela do tipo tradicional ou na forma de parceria público-privada, deve estar voltada para os ganhos de produtividade. É preciso que, ao longo da duração da concessão, que implica prazos legais usualmente longos, existam claros incentivos para aumentar a produtividade de tal forma a reduzir custos. Entrementes, para que esses incentivos sejam efetivos, é necessário que os ganhos não sejam integralmente aplicados na busca de modicidade tarifária, pois dessa forma anulam-se os incentivos para a sua obtenção.

Diante dessas evidências, é preciso estabelecer uma série de critérios para estimular o concessionário a auferir reduções de custos ao mesmo tempo que despende investimentos para melhorar a qualidade do serviço durante a vigência do contrato de concessão.

Recomenda-se aos agentes decisores, portanto, que persigam os fatores de sucesso dos empreendimentos bem-sucedidos, que, em síntese, podem ser declarados assim: remuneração dos concessionários condizentes com as taxas de retorno de investimentos similares em termos de risco, planos de negócios e propostas técnicas bem estruturados e factíveis, boa elaboração dos editais e contratos relativos ao empreendimento de forma a assegurar maior segurança jurídica, judiciosa pré-qualificação dos interessados em participar do certame, não inversão de fases no certame (ou seja, não deixar para averiguar a qualificação técnica e econômico-financeira depois da apresentação das propostas) e incentivos objetivos para ganhos de produtividade, permitindo que o futuro concessionário também se beneficie das reduções de custos obtidas, aumentando a sua rentabilidade.

É muito desejável que os atores responsáveis pela oferta da concessão foquem nesses aspectos, considerando que tal procedimento é muito mais importante que insistir na equivocada modicidade tarifária como cerne da questão.

Não se pode confundir a justa preocupação dos agentes governamentais com as classes menos favorecidas e a necessidade urgente de provisão de infraestrutura, sobretudo em um país que está envelhecendo antes de ficar rico, como é o caso do Brasil. São problemas reais, complexos e urgentes, cuja solução deve ser alcançada por meio de instrumentos distintos.

O equilíbrio econômico-financeiro e a segurança jurídica devem ser prioridades

Diante da experiência de concessões e parcerias público-privadas no ambiente político e institucional brasileiro, no qual a tônica é a ausência de boa governança pública e a regra geral é a falta de capacidade gerencial e visão estratégica dos dirigentes políticos, a preocupação com o equilíbrio econômico-financeiro das concessões assume uma relevância ainda maior.

Não bastasse o quadro político, se somarmos a isto a recorrente aridez intelectual nas edilidades e legislativos estaduais, salvo raras exceções, bem como o gradativo aumento do ativismo judiciário, situação na qual, eventualmente, o discernimento e opinião pessoal de um único magistrado por vezes interrompem por horas uma rede social no país inteiro, podemos afirmar que o ambiente de negócios para um eventual investidor em concessões de serviços públicos não é dos melhores.

Por essa razão, deve haver um esforço conjunto para ampliar o escopo das salvaguardas e garantias aos agentes privados para que possam ter assegurada a sua capacidade de operar a concessão e cumprir todas as exigências contratuais.

Não se pode deixar o êxito de uma concessão ao alvedrio do grupo político, ou, para ser mais contundente, da facção ideológica de plantão, em determinado momento, afinal, uma concessão dura no mínimo 20 anos de acordo com as regras atuais.

O Brasil perde, amiúde, oportunidade após oportunidade de dar o salto necessário no incremento de sua infraestrutura. Em dezembro de 2016, um terço das parcerias público-privadas no país passava por dificuldades de diversos tipos (CRISE ..., 2016), como disputas judiciais, não cumprimento ou encerramento do contrato.

Uma vez que as receitas das tarifas nas PPPs não são suficientes para viabilizar a taxa de retorno do empreendimento, sendo necessário aportes do ente estatal para complementar esse requisito, a crise fiscal dos estados e municípios brasileiros ao longo de 2016 comprometeu o equilíbrio econômico-financeiro do modelo.

O descumprimento dos contratos aliado à morosidade dos processos judiciais são fatores que elevam a percepção de risco desse tipo de empreendimento. De saída, o quadro geral afasta os bancos privados de considerar o financiamento de projetos desse tipo.

Há momentos nos quais a inépcia da administração pública agrava a situação, como nos casos em que os contratos preveem hipóteses nas quais as obrigações dos concessionários podem ser postergadas como contrapartida à temporária redução dos repasses, mas nada ocorre por omissão dos servidores públicos responsáveis pelo procedimento, que temem sofrer alguma punição.

É preciso retirar todos os entraves causadores de perturbações durante o período da concessão. Um caso clássico, que deve ser urgentemente revisto, é a atual situação das companhias estaduais de saneamento. O marco regulatório do setor, a Lei do Saneamento Básico (Lei nº 11.445/07), contém termos que podem ensejar muitos problemas para um eventual concessionário privado, que podem ser inócuos, por sua subjetividade, mas também podem ensejar problemas jurídicos de toda ordem. Destacamos apenas alguns princípios fundamentais, que constam da lei, que são suficientes para evidenciar a quantidade de conflitos que podem ser gerados:

- Eficiência e sustentabilidade econômica.
- Utilização de tecnologias apropriadas, considerando a capacidade de pagamento dos usuários e a adoção de soluções graduais e progressivas.
- Transparência das ações, baseada em sistemas de informações e processos decisórios institucionalizados.
- Controle social.

Não bastassem esses princípios gerais, uma rápida verificação dos critérios de reajustes tarifários promete muitos desgastes jurídicos caso não sejam dirimidos de antemão e se opte por parceiros privados na sua operação.

A Lei nº 11.445 diz que a estrutura de remuneração e cobrança dos serviços públicos de saneamento básico poderá levar em consideração alguns fatores. O termo "poderá" abre brechas na imperatividade absoluta, contudo, o elenco de fatores previstos deixa patente o grau de subjetividade que o concessionário deverá enfrentar no futuro, sobretudo em razão do oportunismo de alguns grupos políticos:

1. Categorias de usuários, distribuídas por faixas ou quantidades crescentes de utilização ou de consumo.
2. Padrões de uso ou de qualidade requeridos.
3. Quantidade mínima de consumo ou de utilização do serviço, visando à garantia de objetivos sociais, como a preservação da saúde pública, o adequado atendimento dos usuários de menor renda e a proteção do meio ambiente.
4. Custo mínimo necessário para disponibilidade do serviço em quantidade e qualidade adequadas.
5. Ciclos significativos de aumento da demanda dos serviços, em períodos distintos.
6. Capacidade de pagamento dos consumidores.

Não é preciso ser um oráculo para prever a enxurrada de medidas judiciais que podem advir de contratos de concessão mal desenhados, que não amarrem cada um dos termos aludidos pela Lei de Saneamento. Não bastasse isso, o art. 30 da Constituição Federal confere aos municípios a prerrogativa de organizar e prestar, diretamente ou sob regime de concessão ou permissão, os serviços públicos de interesse local.

Ora, como não poderia deixar de ser, o referido dispositivo constitucional originou litígios entre municípios e estados acerca da titularidade e competência para prestação dos serviços de saneamento básico. Essa celeuma provavelmente é um dos maiores entraves para a pacificação do marco regulatório do setor. A questão da titularidade dos serviços foi decidida pelo Supremo Tribunal Federal (STF), em 2013, deixando ainda espaço para discussão.

O STF assim decidiu: os serviços de saneamento são, em regra, municipais nos casos dos municípios isolados, melhor dizendo, aqueles não envolvidos em regiões metropolitanas ou aglomerações de municípios constitucionalmente previstas. Informa ainda que, nos ambientes de regiões metropolitanas tais serviços não se transformam em serviços estaduais. Adiciona-se, isso sim, o dever de gestão compartilhada, sem implicar qualquer perda aos municípios.

O provável caso da Companhia Estadual de Águas e Esgotos (Cedae), no estado do Rio de Janeiro, será emblemático para a futura definição de projetos de PPPs e concessões envolvendo empresas de saneamento. Considerando que a empresa atua em 64 municípios fluminenses, talvez não seja trivial o arranjo entre os futuros concessionários privados e os entes municipais titulares dos serviços de saneamento.

capítulo 9

Os parâmetros e variáveis financeiras empregados na modelagem de concessões

A metodologia utilizada pela nota técnica n. 318/2013 (STN/Seae/MF) para estimar o custo médio ponderado de capital (WACC), e, consequentemente, a taxa interna de retorno (TIR), nos remete à nota técnica 64/2007, que também menciona os parâmetros de taxa livre de risco, prêmio de risco de mercado, prêmio de risco Brasil e taxa de inflação dos Estados Unidos.

Em vista disso, este capítulo se propõe a investigar a pertinência doutrinária dos conceitos assinalados pelas referidas notas técnicas e seu uso para estimar a taxa interna de retorno das concessões rodoviárias.

Como pressupostos para a confirmação da pertinência dessa metodologia, foram consideradas duas necessidades fundamentais. A primeira é a utilização de conceitos financeiros que contem com respaldo técnico e aceitação no meio acadêmico, no ambiente empresarial e no âmbito do mercado financeiro. A segunda exigência é o imperativo de que o método respeitasse

101

as melhores práticas, de forma que, a qualquer momento, fosse possível conferir transparência às avaliações e cálculos.

Nesse sentido, o emprego do custo médio ponderado de capital (CMPC), também conhecido pelo acrônimo em inglês WACC (de *weighted average cost of capital*), para a definição da taxa mínima de atratividade, combinado com o modelo de precificação de ativos de capital, o CAPM (de *capital assets pricing model*), para a definição do custo do capital próprio, é a metodologia que melhor atende aos requisitos exigidos (CAMACHO, ROCHA e BRAGANÇA, 2006), desde que respeitados os pressupostos e os detalhes técnicos necessários à correta aplicação dessas ferramentas financeiras. Nos próximos tópicos, serão apresentados os fundamentos doutrinários e operacionais de cada um desses conceitos.

Os conceitos de WACC e CAPM na construção da taxa mínima de atratividade

Uma decisão de investimentos como a decisão de operar uma rodovia sob concessão pressupõe uma criteriosa análise de risco e retorno por parte do investidor potencial. Nesse sentido, ele deve comparar todas as alternativas de investimento sujeitas ao mesmo nível de risco, o que é pouco usual, ou definir uma taxa mínima de atratividade que incorpore os prêmios de risco necessários para remunerar corretamente a exposição do investidor, compensando o seu custo de oportunidade.

Quanto à taxa mínima de atratividade, de acordo com Ross et al. (1995), ela pode ser entendida como a menor taxa de retorno aceitável pelos potenciais investidores para que se disponham a correr o risco associado a um ativo ou projeto. A teoria de finanças parte da suposição de que os investidores tenham aversão ao risco e, portanto, que requeiram taxas de retornos maiores para opções de investimento com maiores riscos.

A definição da taxa de atratividade de um projeto deve levar em consideração as diferentes fontes de financiamento, a remuneração de cada uma delas (por causa do risco incorrido pelos diferentes *shareholders*, sejam eles credores ou acionistas), a proporção de utilização de cada fonte de recursos e os seus respectivos impactos fiscais e tributários. A forma clássica e consolidada pela doutrina financeira de se fazer todas essas considerações consiste no cálculo do custo médio ponderado de capital (CMPC) ou WACC.

O CMPC é de concepção bastante intuitiva e consistente e seu cálculo é bastante simples, bastando, para isso, aplicar a seguinte fórmula:

$$CMPC = WACC = W_e \cdot K_e + W_d \cdot K_d \cdot (1 - t)$$

Em que:

W_e = Participação do capital próprio no total de recursos utilizados
W_d = Participação de capital de terceiros no total de recursos utilizados
K_e = Custo de capital próprio
K_d = Custo de capital de terceiros
t = Alíquota de impostos sobre o lucro

Não obstante a simplicidade do cálculo para obter o CMPC, existe uma série de cuidados e decisões que precisam de atenção para definir cada uma das variáveis anteriores. Para fins do presente estudo, essas definições devem refletir a realidade dos projetos de concessão de rodovias no ambiente do mercado brasileiro, de forma que é preciso validar cada variável antes de aplicá-las à equação para calcular a taxa de atratividade adequada.

Conforme assinalam Copeland, Koller e Murrin (1994), quanto ao custo médio ponderado de capital, ou WACC, admite-se que cada investidor assuma diferentes níveis de risco e ainda que exija diferentes taxas de retorno para aplicar os seus recursos na operação de investimento. Esse é o ponto de partida para que ocorra a otimização do custo de capital num empreendimento, de tal forma que se forme uma combinação ótima entre o capital próprio e o capital de terceiros que minimize o custo de capital da empresa, possibilitando maximizar o seu valor de mercado.

Na composição do CMPC, segundo Kayo (2002), temos que o custo de capital em uma companhia é formado por três elementos básicos: o custo do capital de terceiros, o custo do capital próprio e a alíquota do imposto de renda, cuja ponderação determina o custo médio ponderado de capital.

O custo do capital de terceiros deve ser determinado por meio de uma análise do perfil da dívida da empresa em termos de taxas de juros e encargos financeiros, descontado o imposto de renda, já que as despesas podem ser deduzidas do lucro tributável. Trata-se de uma perceptível economia fiscal para a empresa, conforme o seu nível de endividamento, que pode ser calculada pelo produto dos encargos financeiros e a alíquota do imposto de renda.

A estimativa do custo do capital próprio baseia-se principalmente no modelo de apreçamento de ativos de capital, também conhecido por Modelo CAPM, de *capital asset pricing model*, como pode ser visto em Bruner et al. (1998). A origem do CAPM é atribuída a vários pesquisadores que, quase simultaneamente, desenvolveram a base do modelo. Foram eles: Willian Sharpe, em 1964, Lintner, em 1965, e Mossin, em 1966. O CAPM estabelece que o retorno esperado de um ativo é uma função linear do ativo livre de risco, do risco sistemático do ativo (coeficiente beta) e do prêmio de risco da carteira de mercado em relação ao ativo livre de risco. O modelo pode ser descrito da seguinte maneira:

$$RE = k_f + \beta \, (k_{mer} - k_f)$$

Sendo:

RE = Taxa de retorno exigido de um ativo em face do risco incorrido
k_f = Taxa de retorno livre de risco
k_{mer} = Taxa de retorno da carteira do mercado[1]
β = Coeficiente de risco sistemático

O modelo CAPM produz um resultado que procura mostrar a taxa de retorno exigida pelo acionista ordinário como uma forma de compensar a sua exposição ao risco sistemático da empresa, aferido pelo coeficiente beta (β), que será melhor detalhado mais adiante.

A principal contribuição do CAPM é que esse modelo permite avaliar e quantificar o risco, estabelecendo uma relação entre ele e o retorno de um ativo. Entretanto, é importante ressaltar que, para a aplicação do modelo, é necessário que as suas premissas sejam satisfeitas. De acordo com Elton e Gruber (1995), o Modelo CAPM apresenta as seguintes premissas:

1. Os indivíduos apresentam aversão ao risco e maximizam uma função de utilidade com base na média e no desvio-padrão dos retornos esperados;
2. Os investidores não manipulam preços e possuem expectativas homogêneas a respeito da média e do desvio-padrão dos retornos;
3. A distribuição dos retornos esperados ocorre com uma probabilidade normal, e os retornos não são autocorrelacionados;
4. Os investidores podem emprestar ou tomar emprestado à taxa livre de risco;
5. Os mercados financeiros são eficientes.

Convém lembrar que todas essas premissas implicam uma substancial simplificação da realidade, que, muitas vezes, não se verifica no mundo real. De acordo com Barbosa e Motta (2004), em virtude das premissas existentes no CAPM, a aplicação direta desse modelo em mercados emergentes deve ser questionada. Os referidos pesquisadores, fundamentados nos estudos de Pereiro (2002), afirmam que a hipótese de eficiência dos mercados nesse grupo de países deve ser mais investigada, pois as bolsas de valores nos mercados emergentes tendem a ser pequenas em comparação ao PIB dos países emergentes. Além disso, esses países têm um pequeno número de empresas abertas e elas são altamente concentradas, o que diminui a sua liquidez, bem como a capacidade de diversificação dos investidores, o que pode ensejar a possibilidade de manipulação de preços.

Destarte, Erb, Harvey e Viskanta (1995) assinalam que, além de todos esses problemas relacionados às premissas do CAPM, partindo-se de uma ótica mais prática, a experiência demonstrou que a aplicação desse modelo em mercados

---

[1]. Alertamos que, ao longo do texto, empregamos as notações K_{mer} e R_m para nos referirmos à mesma entidade, qual seja, o retorno esperado da carteira de mercado. Utilizamos as duas notações para nos mantermos fieis aos textos dos autores originais.

emergentes acaba levando a valores de beta (β) considerados baixos, uma vez que não refletem a relação risco-retorno esperada. Apesar das limitações do modelo CAPM, ele continua sendo o modelo disponível mais prático para determinar o custo do capital próprio de uma empresa. Corroborando esse ponto de vista, vários autores convergem para sua aplicabilidade para a modelagem e estimação do custo de capital em análises de projetos.

Não obstante, é sempre importante lembrar das advertências de pensadores que não se deixam seduzir pela simplicidade do modelo, haja vista que o mesmo é uma simplificação da realidade. Destacamos o registro de Rodrigues e Sousa (1999, p. 14), que advertem:

> o CAPM nas empresas de capital aberto apresenta resultados bastante satisfatórios, desde que o índice adotado como referência de mercado permita a necessária significância estatística aos betas calculados, assim como a taxa livre de risco escolhida esteja coerente com o nível de retorno dos ativos das empresas em análise.

A proporção de capital próprio (W_e) e de capital de terceiros (W_d) na composição do WACC

Uma das decisões importantes para definir o custo de capital a ser considerado em um projeto diz respeito à proporção de recursos de terceiros (dívidas) e de recursos próprios (dinheiro de investidores/acionistas) que serão utilizados. No mercado brasileiro, notadamente no caso de projetos de concessão de infraestruturas, essa proporção está vinculada, na maior parte das vezes, aos parâmetros definidos pelo Banco Nacional de Desenvolvimento Econômico e Social (BNDES), principal fonte de recursos para projetos de investimento no país.

É importante destacar, por exemplo, que segmentos de infraestrutura como o setor de geração de energia são intensivos de capital e, em razão de sua natureza, necessitam de financiamentos de longo prazo sem os quais seria impossível a implementação dos projetos. A maior parte das empresas brasileiras que implantam projetos de infraestrutura e/ou de energia procura obter a maior alavancagem (relação dívida/capital próprio) admitida pelo BNDES para financiar projetos dessa natureza, uma vez que os recursos obtidos dessa fonte são de menor custo que o capital obtido com os acionistas. Esse tipo de opção na estrutura de capital formada pelo CMPC ou WACC determina uma taxa mínima de atratividade baixa, sem perdas de ganhos para os acionistas, fazendo que os projetos tornem-se mais interessantes como opções de investimentos.

Para o setor elétrico, por exemplo, o BNDES se propõe a fornecer até 70% dos itens financiáveis necessários à implantação dos projetos na modalidade de *project finance*.² No entanto, o BNDES também observa outros parâmetros para definição da alavancagem máxima concedida aos projetos, restringindo ainda mais a liberação de recursos, na maioria dos casos, o que resulta em alavancagens médias inferiores aos limites máximos definidos.³ As informações de alavancagem média, W_d e W_e, são obtidas de relatórios ou de outras publicações do próprio BNDES.

Recentemente, a mídia especializada em economia registrou que os três principais bancos oficiais, o BNDES, a Caixa Econômica e o Banco do Brasil, vão financiar até 70% de quatro rodovias integrantes do Programa de Investimentos em Logística (PIL).⁴ Esta informação foi extraída de documento divulgado pela Agência Nacional de Transportes Terrestres (ANTT), e constitui-se de elemento fundamental para que os interessados em participar dos leilões possam iniciar a formulação de suas propostas. O objetivo desse documento consiste em referenciar a tomada de decisão dos investidores para a sua participação nos projetos federais de concessão de rodovias nos trechos das BR-364/060, BR-163/230, BR--364 entre Goiás e Minas Gerais, e BR-476/153/282/480 (trecho de 493 quilômetro entre Paraná e Santa Catarina).

O custo do capital próprio (K_e)

Na composição do modelo de obtenção do CMPC, determinar o custo do capital próprio depende da correta avaliação do risco associado aos projetos de concessão de rodovias no Brasil. Para tanto, a ferramenta com maior aceitação nos meios acadêmico e empresarial para a definição do risco associado a um investimento e, consequentemente, para a definição da remuneração adequada ao capital é o modelo de precificação de ativos de capital (do inglês *capital assets pricing model*, ou CAPM), já mencionado anteriormente.

Não obstante a existência de algumas limitações, autores como Brealey, Myers e Allen (2003) e também Damodaran (2002), que é referência no assunto, convergem no sentido de que o CAPM é o modelo que apresenta a melhor relação entre correção dos resultados obtidos e simplicidade de aplicação, sendo amplamente aceito tanto no âmbito do mercado financeiro como no meio acadêmico, o que faz que seja a principal opção na avaliação de projetos de investimento.

De acordo com Ross et al. (1995), o modelo CAPM avalia o retorno mínimo que um ativo deve oferecer ao investidor em razão do nível de risco não diver-

---

2. De acordo com as regras estabelecidas pelo BNDES, nem todos os itens necessários para a efetivação de um projeto são apoiáveis. Dentro dos itens considerados apoiáveis, projetos de geração de energia (exceto térmicas a carvão ou a óleo) podem obter até 70% dos recursos necessários à sua implantação financiados pela instituição.
3. As políticas do BNDES para sua linha de Project Finance estão disponíveis no sítio da instituição: http://www.bndes.gov.br/SiteBNDES/bndes/bndes_pt/Institucional/Apoio_Financeiro/Produtos/Project_Finance/.
4. Conforme notícia publicada no *Jornal Brasil Econômico*, p.6, de 11 de junho de 2014.

sificável (ou sistemático) a ele associado. A premissa do modelo é a aversão ao risco, pressupondo que ativos com maior nível de risco tenham de oferecer maior retorno, de forma a serem atrativos para os investidores. Assim, o retorno exigido como recompensa ao risco incorrido passa a ser o custo de capital próprio do investidor que estaria assumindo o referido risco.

O cálculo do custo do capital próprio (K_e) com a utilização do CAPM é fornecido pela seguinte expressão:

$$K_e = R_f + \beta (R_m - R_f)$$

Em que:

K_e = Retorno / custo de capital próprio
R_f = Taxa livre de risco
β = Risco do investimento em comparação com o mercado
$(R_m - R_f)$ = Prêmio pelo risco de mercado
R_m = Retorno da carteira de mercado

De acordo com o modelo CAPM, a remuneração adequada ao capital próprio (K_e) do investidor será dada pela composição que equivale à remuneração oferecida por um ativo livre de risco (R_f) mais um retorno adicional adequado ao risco associado ao ativo [$\beta.(R_m - R_f)$].

O risco do ativo, identificado como beta (β), é calculado por meio da covariância dos retornos do ativo em relação aos retornos de uma carteira representativa do mercado como um todo. Para a obtenção do coeficiente beta, portanto, é necessário que estejam disponíveis os dados históricos a respeito dos retornos do mercado e do setor que se pretende avaliar, de forma que seja possível o cálculo da covariância entre eles.

Nesse aspecto reside a primeira dificuldade de utilização do CAPM para a avaliação de projetos de infraestrutura no Brasil. A falta de dados públicos a respeito dos retornos de projetos e empresas dedicados a essa atividade impede uma aplicação direta desse modelo no mercado brasileiro.

Pereio (2001) registra que, em situações de restrição como as que ocorrem no mercado brasileiro, a técnica financeira propõe que se obtenham os parâmetros do modelo em outros mercados, nos quais exista a disponibilidade dos dados históricos necessários e que, posteriormente, seja feita a transposição para o mercado no qual o projeto será realizado.

Por exemplo, para a avaliação dos investimentos em infraestrutura do setor elétrico, considera-se como melhor alternativa a aplicação do CAPM para o mercado de energia dos Estados Unidos. Depois dessa etapa, é feita a transposição dos resultados para o mercado brasileiro, considerando a diferença de risco associado à economia dos dois países.

A taxa livre de risco (R_f)

A taxa livre de risco (R_f), integrante do modelo CAPM, representa uma taxa de investimento padrão, supostamente livre de risco, que está disponível para todos os investidores. Por essa razão, ou seja, pelo fato de todos os agentes poderem, no mínimo, auferir ganhos equivalentes aos promovidos pela taxa livre de risco, ela atua como referência do custo de oportunidade, permitindo que os investidores comparem e meçam o risco e o retorno adicional dos investimentos alternativos, comparativamente à alternativa de, simplesmente, comprar e deter esse instrumento de investimento que está disponível para negociação no mercado.

O padrão internacionalmente aceito para referenciar a taxa livre de risco é o título do tesouro dos Estados Unidos, que é considerado o título com o menor risco de *default* (possibilidade de calote) e que pode ser adotado como referência para a avaliação de projetos no Brasil, desde que a diferença de risco entre as duas economias, representada pela medida de risco-país, seja incorporada. O risco-país é uma medida objetiva, em pontos centesimais, do valor da taxa de juros que remunera um título emitido pelos países excedente ao valor da taxa do título do tesouro norte-americano.

Para determinar a taxa livre de risco adequada a um projeto é aconselhável que os investidores façam a correspondência entre o prazo do título e o horizonte de tempo estimado do projeto. Essa adequação considera, implicitamente, que os investidores tenham, no início de um projeto, a opção de alocar seus recursos em títulos com horizonte de tempo equivalente, em vez de investir no projeto. Esses títulos representam uma alternativa segura para o investidor, que, para correr níveis de risco mais elevados irá requerer aumentos da remuneração do seu capital, equivalente aos riscos do investimento. Interessante destacar que um instrumento que pretende ser equivalente a um título livre de risco para um projeto deve ter maturidade igual ao prazo dele, sem o qual perderia a condição de ativo livre de risco para o projeto considerado.

Por exemplo, o horizonte de tempo típico para a análise de projetos de geração de energia hidrelétrica é de 30 anos[5] e, portanto, a taxa livre de risco a ser utilizada deverá refletir esse período de tempo. No mercado de títulos do tesouro dos Estados Unidos (*UST, US treasury*) podem ser obtidos títulos com prazos de duração de 30 anos.

Para a correta avaliação da taxa livre de risco é necessário considerar o nível de risco oferecido pela economia brasileira em comparação com a dos Estados Unidos. Para isso, recorre-se ao índice de títulos de mercados emergentes (do inglês *emerging markets bond index plus* ou EMBI+), pelo qual é possível avaliar o risco soberano embutido nos títulos de dívida de um país. Considerando que o EMBI+ relativo ao mercado de dívida livre de riscos dos EUA é 0, o EMBI+ do

---

5. Os contratos de compra de energia gerada por PCHs nos leilões Energia Nova, realizados desde 2005, têm vigência de 30 anos.

Brasil representaria o risco a ser adicionado ou reduzido por causa das diferenças do mercado de dívida do Brasil em relação ao dos Estados Unidos.

O prêmio pelo risco de mercado ($R_m - R_f$)

Um prêmio de risco corresponde ao ganho que o investidor espera auferir além do retorno da taxa livre de risco, pelo fato de se expor a um investimento com risco. As expectativas do mercado para a remuneração do capital próprio em determinado mercado tendem a ter como base o histórico de remuneração acima da taxa livre de risco paga aos investidores.

Esse prêmio é obtido levando-se em consideração os retornos médios do mercado de ações em um período específico de tempo e, em seguida, subtraindo dele o desempenho ou retorno dos títulos livres de riscos nos períodos correspondentes.

O prêmio histórico, portanto, torna-se uma referência para os participantes do mercado da recompensa apropriada pela exposição ao maior risco embutido nesses investimentos, em comparação com os títulos públicos que, teoricamente, seriam livres de risco. Esse prêmio deve ser acrescentado à taxa livre de risco para que os investidores possam calcular os retornos adequados para um investimento que ofereça um nível de risco igual ao da média do mercado.

Não obstante, para que isso seja possível, é necessário que seja realizada uma avaliação do prêmio pelo risco de mercado. Uma das formas de estabelecer esse prêmio é obtendo o histórico de cotação das ações transacionadas no mercado de capitais dos Estados Unidos para, a partir desses dados, fazer o cálculo do retorno médio de mercado e do prêmio oferecido pela carteira representativa do mercado. Essa abordagem, entretanto, está sujeita a incorreções e erros de avaliação ao longo do processo.

Uma alternativa que produz o mesmo efeito prático, com a vantagem de eliminar a possibilidade de erro, é utilizar dados previamente levantados, validados e publicados. Atualmente, está disponível uma base de dados bastante extensa, na página mantida por Aswat Damodaran[6] no site da New York University, que busca atender a essas especificações.

Exatamente por ser um especialista nessa atividade, Damodaran reconhece a importância da correção dos dados históricos para a aplicação do CAPM e para a obtenção de resultados confiáveis. Em sua página, ele fornece dados validados para uso profissional e acadêmico. Essa disponibilidade de dados previamente validados atende às necessidades da metodologia, de utilizar dados que sejam transparentes, auditáveis e tecnicamente corretos para obter o custo de capital.

---

6. Aswat Damodaran é professor de finanças da New York University e tem se dedicado a estudar, escrever e ministrar cursos e palestras voltados à avaliação de projetos e empresas. O site mantido por Damodaran reúne estudos e discussões a respeito das técnicas de valuation, assim como dados históricos necessários à avaliação de projetos e empresas. Disponível em: <http://pages.stern.nyu.edu/~adamodar/>. Acesso em: 30 jul. 2017.

Em regra, é aceito que nos mercados de capitais desenvolvidos haja uma tendência ao equilíbrio, o que faz que a abordagem do CAPM, vista de forma ampla, seja correta. Existem, entretanto, desequilíbrios momentâneos de mercado que podem levar a conclusões incorretas ou vieses, caso não sejam tratados adequadamente. Uma forma de eliminar possíveis vieses é utilizar séries históricas de longo prazo nas quais os desequilíbrios temporários terão efeitos pequenos ou nulos. Dessa forma, considera-se adequada a utilização dos retornos médios observados desde o início da série disponibilizada por Damodaran, ou seja, desde 1928.

Damodaran (2007, p. 27) destaca também que, quando estão disponíveis poucos dados históricos e o ambiente de mercado evidencia uma alta volatilidade, fica comprometido estabelecer uma estimativa significativa do prêmio pelo risco.

Pereiro (2002) observa que o risco doméstico ou o risco-país pode ser conceituado como um agregado de componentes de risco-país específicos, tais como:

1. Risco derivado de turbulências sociais e políticas, o que pode afetar o desempenho da empresa.
2. Probabilidade de expropriação dos ativos privados por parte do governo.
3. Potencialidade de surgimento de barreiras ao livre fluxo de capital.
4. Possibilidade de desvalorização da moeda.
5. Risco de não pagamento, por parte do governo, de empréstimos internacionais, afetando o *rating* de crédito do país e, consequentemente, o custo de capital local.
6. Risco derivado de inflação ou, em situação estrema, de hiperinflação.

Conforme se verifica em Martelanc et al. (2005, p. 155), o banco JP Morgan desenvolveu uma metodologia de cálculo dos títulos de dívida soberana para os países emergentes denominado EMBI (*emerging markets bonds index*) e que serviu de base para o EMBI Global e o EMBI+.

Martelanc et al. (2005, p. 165) recomendam a inclusão do prêmio de risco-país (K_{RC}) como variável na equação do CAPM, ficando ajustada como segue:

$$K_e = R_f + \beta (R_m - R_f) + R_{RC}$$

Contudo, no entendimento de Pereiro (2002), existe o problema da superestimação do risco ao se utilizar o CAPM local. A inclusão de um prêmio de risco-país na equação do CAPM poderá resultar na dupla contagem do risco, uma vez que ele já pode estar presente no prêmio de risco de mercado.

Definição do coeficiente beta (β)

Uma vez definido o prêmio pelo risco de mercado, há que se avaliar o risco específico do projeto em questão em comparação com a média de mercado. Para avaliar o risco de um ativo (ou projeto) em comparação com o mercado utiliza-se a medida da covariância dos retornos do ativo em relação aos retornos de mercado. Essa medida é chamada de coeficiente beta.

No caso desse estudo, um projeto representativo do setor de concessão de rodovias, o beta pode ser obtido pelo beta médio das empresas do setor. Assim sendo, o coeficiente beta é o resultado da divisão da covariância entre os retornos da carteira de mercado e os retornos do ativo de risco pela variância da carteira de mercado. O coeficiente beta pode ser descrito pela seguinte equação:

$$\beta = \frac{Cov\ (R_m, R_i)}{VaR(R_m)}$$

Sendo:

R_m – Retorno da carteira de mercado
R_i – Valor do retorno do ativo i

Camacho (2004) afirma que o coeficiente beta reflete os tipos de risco do negócio e o financeiro. O primeiro pode ser definido como o grau de incerteza em relação à projeção do retorno sobre o ativo total inerente ao negócio, que não pode ser eliminado por diversificação. Segundo Coutinho (2002), o risco do negócio é sistemático (não diversificável) quando todo o capital da empresa é próprio. Já o risco financeiro é adicional, já que usa capital de terceiros no financiamento do projeto, isto é, reflete o risco adicionado ao projeto em razão da alavancagem financeira.

Para Ross et al. (1995, p. 250), o "beta de uma ação não vem do ar. Em vez disso, é determinado pelas características da empresa. Consideram-se três fatores: a natureza cíclica da receita, a alavancagem operacional e a alavancagem financeira".

Por sua vez, Tomazoni e Menezes (2002, p. 40) descrevem os fatores determinantes do coeficiente beta da seguinte forma:

> 1. A natureza cíclica das receitas (tipo do negócio): é lícita a suposição de que empresas com fluxos de caixa mais inconstantes são mais arriscadas, sendo, portanto, igualmente lícita a suposição de que seus betas devem ser maiores que os betas de empresas cujas receitas variam menos.
> 2. A alavancagem operacional: empresas com uma estrutura total de custos com maior representação de custos fixos têm resultados mais suscetíveis a oscilações de vendas, mostrando-se, por isso, mais arriscadas. Seus coeficientes betas tendem a ser elevados por conta desse nível de risco.
> 3. A alavancagem financeira: analogamente, as empresas endividadas são empresas com custos financeiros fixos, o que torna seus resultados líquidos extremamente dependentes dos níveis de venda e dos lucros da operação (lucro antes dos juros e dos impostos incidentes sobre o lucro: *earnings before interest and taxes* – Ebit). Queda nesses níveis, por exemplo, podem fazer com que a empresa entre em prejuízo. Esperam-se coeficientes beta mais elevados para empresas com altos níveis de endividamento.

Existem ainda outras abordagens para determinar o beta da empresa, especificamente para as que têm capital fechado (ou seja, não negociam suas ações em bolsas de valores), ou para empresas de capital aberto que operaram suas ações por pouco tempo. Damodaran (2009) descreve três abordagens para estimar o beta de uma empresa não negociada em bolsa:

1. Emprego de betas contábeis: a partir das informações dos lucros contábeis, ano a ano, é possível realizar uma série de variações históricas. Esta série então é empregada em uma regressão com as variações anuais do índice de mercado.
2. Utilização de empresas comparáveis: quando utilizam-se betas de empresas de capital aberto com ações negociadas em bolsa que sejam comparáveis em termos de risco do negócio e alavancagem operacional com a empresa não-negociada.
3. Utilização de fatores fundamentais: para tanto, calcula-se o beta por modelos de regressão, utilizando fatores básicos setoriais e variáveis dos balanços patrimonial e demonstrativo de resultado da empresa.

Uma vez que o beta é uma medida relativa de risco que compara a volatilidade de ativos específicos com a média de mercado, conclui-se que uma carteira representativa do mercado tem um beta = 1.[7] Para os ativos com volatilidade maior, ou seja, que evidenciam um nível maior de risco em comparação com o mercado, os seus coeficientes beta correspondentes serão maiores que 1, ao passo que as alternativas de investimento que apresentem volatilidade menor que a apresentada pelo mercado contarão com coeficientes beta menores que 1. A multiplicação do coeficiente beta pelo prêmio de risco de mercado aumenta ou desconta o prêmio de capital próprio que os investidores devem esperar, indicando a remuneração adequada ao nível de risco oferecido pelo ativo.

É importante ter em mente que o cálculo do coeficiente beta depende da existência de séries de dados históricos que permitam a avaliação da covariância do ativo em relação ao mercado. Em novos projetos de investimento, por razões óbvias, essa série histórica não existe, o que exige que sejam feitas avaliações utilizando ativos ou projetos que apresentem perfis semelhantes.

Para possibilitar essas avaliações, é importante que se conheça a composição do risco representada pelo coeficiente beta. Conforme ensinam Brealey, Myers e Allen (2003), o coeficiente beta de um ativo representa a somatória do risco associado à atividade desempenhada pela empresa (risco do negócio ou da operação) e do risco associado à sua estrutura de capital. Por essa razão, as empresas de determinado setor de atividade terão riscos semelhantes relacionados à atividade desempenhada, mas apresentarão diferenças de risco que dizem respeito às suas respectivas alavancagens. Organizações que utilizam proporções maiores de

---

7. Matematicamente, o beta é calculado por meio da razão entre a covariância do ativo analisado e o mercado, pela variância do mercado. Se o ativo analisado for a carteira de mercado, o numerador do cálculo do beta seria a covariância do mercado com o próprio mercado, o que é equivalente à variância do mercado. Dessa forma teríamos a variância do mercado no numerador e no denominador, ou seja, o beta de mercado é igual a 1.

capital de terceiros apresentam maior risco de inadimplência e o coeficiente beta associado a elas é maior. O raciocínio inverso também é válido.

Para a avaliação do coeficiente beta de novos projetos ou de novas empresas, utiliza-se a técnica de encontrar o coeficiente beta que represente o risco da atividade relacionada ao projeto em questão, e, em seguida, realiza-se o ajuste necessário para refletir a alavancagem que se pretende utilizar em cada caso. Essa técnica consiste das seguintes etapas:

1. Obter o coeficiente beta das empresas que exerçam a mesma atividade do projeto que será implantado.
2. Retirar do coeficiente beta a proporção de risco relativo à estrutura de capital das empresas do setor (desalavancagem) para obter um índice que reflita apenas o risco da atividade desempenhada pela empresa.[8]
3. Incorporar ao coeficiente beta desalavancado, risco referente à estrutura de capital que será efetivamente utilizada no caso avaliado (realavancagem).

Para estimar o coeficiente beta, devem ser observadas as séries históricas do mercado norte-americano. Essa abordagem nos permite calcular o risco inerente ao setor após descontarmos os riscos financeiros neles embutidos dos valores betas observados para obter o coeficiente beta desalavancado.

$$\beta u = \frac{\beta'}{[1+(1-t')*\left(\frac{D}{E}\right)]}$$

Em que:

β_u = Beta desalavancado (*u* de *unleverage*)
β' = *Value Line Beta*[9]
t' = Impostos marginais do mercado de referência[10]
D = Percentual de capital de terceiros (Debt) sobre o valor de mercado da empresa[11]
E = Percentual de capital próprio (Equity) sobre o valor de mercado da empresa

---

8. Uma forma alternativa de entender o beta desalavancado é considerá-lo como o beta que a empresa ou projeto apresentariam caso fosse utilizado apenas capital próprio para o seu financiamento.
9. Valor obtido a partir da página de Aswath Damodaran na internet, <http://pages.stern.nyu.edu/~adamodar/>, e estimado por meio da regressão dos retornos semanais das ações com relação ao NYSE usando dados de no máximo cinco anos ou menos. Para as séries com menos de cinco anos disponíveis, deve-se observar que não pode ser o período inferior a dois anos.
10. No mercado norte-americano a taxa de impostos a se considerar é de 40%, ao passo que, no Brasil, considera-se 34%.
11. Valor obtido a partir de <http://pages.stern.nyu.edu/~adamodar/>.

A realavancagem é a inclusão dos riscos financeiros observados no setor de estudo ao beta desalavancado, chegando-se ao coeficiente beta realavancado, que reflete os riscos totais de se investir no setor com relação à média do mercado.

$$\beta_L = \beta_U * [1 + (1 - t') * \left(\frac{W_D}{W_E}\right)]$$

Em que:

β_L = beta realavancado (beta do setor estudado)
β_U = beta desalavancado
t' = Impostos marginais do mercado estudado
W_E = Participação do capital próprio no total de recursos utilizados
W_D = Participação de capital de terceiros no total de recursos utilizados

De forma análoga à utilizada para a obtenção do prêmio pelo risco, os dados disponibilizados pelo professor Damodaran nos fornecem as informações necessárias para a avaliação do coeficiente beta das empresas que operam infraestruturas rodoviárias pedagiadas nos Estados Unidos. Trata-se de uma base de dados com atualização periódica. Por exemplo, é possível encontrar as seguintes informações de janeiro de 2014 sobre o setor de rodovias:

Tabela 9.1 Extrato da base de dados de Aswat Damodaran

Industry Name	Number of firms	Beta	D/E Ratio	Tax rate	Unlevered beta
Railroad	10	1,08	23,69%	20,51%	0,91

Fonte: <http://pages.stern.nyu.edu/~adamodar/>. Acesso em: julho de 2017.

Uma visita à página de Aswat Damodaran mostra que ele mantém em suas bases de dados os betas de mais de 7 mil empresas classificadas pelos seus setores de atividade. Reconhecendo a possibilidade de desvios momentâneos de mercado, Damodaran faz o cálculo dos betas utilizando uma base de tempo de cinco anos. Quando novas empresas passam a ser listadas na Bolsa de Nova York (NYSE), seus coeficientes beta apenas são incluídos na base de dados quando atingem um mínimo de dois anos de dados disponíveis.[12]

Convém lembrar que no banco de dados fornecidos pelo professor Damodaran também estão disponíveis, além dos coeficientes beta totais (ou observados), os coeficientes beta desalavancados.

---

12. O beta é calculado com base em dados históricos e, portanto, há a necessidade de utilizar uma série longa para capturar corretamente a relação de risco de uma empresa em relação à média do mercado, eliminando-se, dessa forma, distorções referentes a variações ou desequilíbrios temporários do mercado.

Nesse sentido, faz-se necessário retornar às considerações anteriores a respeito da utilização de capital de terceiros em projetos de concessão de rodovias no Brasil, bem como da participação do BNDES no financiamento desses empreendimentos. Conforme foi informado anteriormente, o BNDES oferece até 70% dos itens financiáveis, o que resulta em projetos de investimentos altamente alavancados e com coeficientes beta elevados.

Além da proporção entre dívida e capital próprio na estrutura de capital, a alíquota marginal do imposto sobre o lucro também é considerada no processo de desalavancagem e realavancagem dos coeficientes beta, que deve ser observada com atenção. No Brasil, a alíquota marginal de imposto varia de acordo com o regime tributário ao qual a empresa se enquadra.[13] As empresas enquadradas no regime de lucro presumido têm o valor do imposto estimado por causa das receitas obtidas e, portanto, têm alíquota marginal de impostos igual a zero.[14] As empresas que trabalham sob o regime do lucro real, por outro lado, apuram seus impostos em razão dos lucros efetivamente auferidos, ou seja, nesses casos as despesas financeiras são dedutíveis para fins fiscais e a alíquota marginal, de 34%,[15] deve ser considerada nos cálculos de realavancagem dos coeficientes beta. As alíquotas efetivamente utilizadas devem refletir corretamente o enquadramento fiscal ao qual o projeto estará sujeito depois de sua implantação.

Para a obtenção do beta a ser utilizado na obtenção do custo do capital próprio (K_e), indica-se a utilização do beta médio desalavancado do setor de concessão de rodovias dos Estados Unidos, medindo, assim, o risco associado à atividade (risco do negócio). Para a realavancagem do coeficiente beta, considera-se adequada a utilização da estrutura de capital que será efetivamente utilizada no projeto, bem como a consideração dos efeitos tributários equivalentes ao enquadramento fiscal efetivamente aplicável ao setor no Brasil.

O custo de capital de terceiros (K_d)

Em razão do baixo desenvolvimento dos mercados financeiros brasileiros, ao contrário do que ocorre em outros mercados nos quais a maior parte das empresas obtém financiamento com financiadores privados, as empresas brasileiras que investem no setor de infraestrutura têm como principais fontes de financiamento

---

13. Conforme estabelece o Decreto-Lei nº 1.598/77, as Leis nº 9.249/95 e nº 9.430/96 e a Instrução Normativa RFB 93/97.
14. Para o caso das empresas enquadradas no lucro presumido, os impostos a serem pagos são arbitrados por causa das receitas auferidas. Nesses casos, a existência de despesas de juros e amortização do principal decorrentes da utilização de capital de terceiros não é considerada na base de cálculo de impostos, motivo pelo qual a alíquota de impostos não deve ser considerada para a realavancagem do beta.
15. O percentual de 34% é composto por 15% de alíquota básica de imposto de renda, 10% de adicional de imposto de renda e 9% de contribuição social sobre o lucro líquido (CSLL).

as linhas de crédito oferecidas pelo Banco Nacional de Desenvolvimento Econômico e Social (BNDES), o que confere ao custo de capital de terceiros no Brasil algumas características específicas.

O BNDES é uma empresa pública federal e o principal fornecedor de financiamento de longo prazo no Brasil. O mercado brasileiro oferece poucas alternativas de fontes de recursos de longo prazo que não sejam oriundas de entidades governamentais, uma vez que financiamentos de longo prazo raramente são oferecidos por bancos comerciais e, quando ocorrem, são oferecidos a taxas não competitivas em comparação com as praticadas pelo BNDES.

O financiamento de projetos pelo BNDES é fornecido por meio da linha de crédito batizada de financiamento a empreendimentos (Finem)[16] em um modelo de *project finance*.[17] Esse tipo de operação pode ser realizado diretamente com o BNDES (operações diretas) ou com a intermediação de uma instituição financeira credenciada (operações indiretas).

Nas operações diretas, o custo da transação é composto por custo financeiro, remuneração do BNDES e taxa de risco de crédito. Nos casos das transações indiretas, o custo total será composto por custo financeiro, remuneração do BNDES, taxa de intermediação financeira e remuneração da instituição financeira credenciada.

Em razão dos volumes de recursos envolvidos nas concessões rodoviárias, é razoável considerar que todas as operações são diretas, o que implica que o projeto obtém financiamento do BNDES ao menor custo possível.

As condições oferecidas pelo BNDES para o financiamento desse tipo de empreendimento fazem que as empresas procurem utilizar os recursos do Finem/ *project finance* até o limite máximo permitido pelo banco. Essa situação, como citado anteriormente, tem resultado em estruturas de capital altamente alavancadas, com participação majoritária de recursos de terceiros. Em geral, empreendimentos de geração de energia têm contado com uma proporção de 60% a 70% de dívidas e, respectivamente, de 40% a 30% de recursos obtidos junto aos investidores.

O *project finance* (projeto financeiro ou financiamento relacionado a projeto) é uma forma de engenharia financeira suportada contratualmente pelo fluxo de caixa de um projeto, servindo como garantia os ativos e recebíveis desse mesmo projeto.

Considera-se colaboração financeira estruturada sob a forma de *project finance* a operação de crédito realizada que tenha, cumulativamente, as seguintes características:

---

16. Para o setor de rodovias temos: <http://www.bndes.gov.br/SiteBNDES/bndes/bndes_pt/Institucional/Apoio_Financeiro/Produtos/FINEM/logistica_modal_rodoviario.html>. Acesso em: 30 jul. 2017.

17. No caso de *project finance*: <http://www.bndes.gov.br/SiteBNDES/bndes/bndes_pt/Institucional/Apoio_Financeiro/Produtos/Project_Finance/index.html>. Acesso em: 30 jul. 2017.

1. O cliente deve ser uma sociedade por ações com o propósito específico de implementar o projeto financiado e constituída para segregar os fluxos de caixa, patrimônio e riscos do projeto.
2. Os fluxos de caixa esperados do projeto devem ser suficientes para saldar os financiamentos.
3. As receitas futuras do projeto devem ser vinculadas ou cedidas em favor dos financiadores.
4. O índice de cobertura do serviço da dívida (ICSD) projetado para cada ano da fase operacional do projeto deve ser de, no mínimo, 1,3; o ICSD poderá ser de, no mínimo, 1,2, desde que o projeto apresente taxa interna de retorno (TIR) mínima de 8% a.a. em termos reais.
5. O capital próprio dos acionistas deve ser de no mínimo 20% do investimento total do projeto, excluindo-se, para efeito desse cálculo, eventuais participações societárias da BNDES Participações (BNDESPAR). A critério do BNDES, o caixa gerado pelo projeto poderá ser considerado parte do capital próprio dos acionistas.
6. Os contratos da operação devem vedar a concessão de mútuos do cliente aos acionistas e ainda estabelecer condições e restrições aos demais pagamentos efetuados pelo cliente a seus acionistas, a qualquer título.

Não obstante, é importante destacar que esses percentuais servem apenas como referência e que precisam ser validados a cada novo período, de forma que seja refletida a realidade em termos de oferta de recursos por parte do BNDES.

Para aprovar uma operação *project finance*, a classificação de risco do BNDES leva em conta os seguintes fatores, além dos normalmente considerados:

1. Classificação de risco dos controladores da beneficiária, conforme a dependência do projeto e do financiamento em relação aos mesmos.
2. Risco de implantação do projeto e os respectivos mitigadores.
3. Grau de alavancagem da beneficiária.
4. Suficiência, previsibilidade e estabilidade dos fluxos de caixa do projeto.
5. Risco operacional do projeto e respectivos mitigadores.
6. Valor, liquidez e segurança das garantias oferecidas pela beneficiária.

Quanto às garantias exigidas, existem basicamente três grupos de garantias: garantias na fase de implantação do projeto ou pré-operacionais, garantias operacionais e garantias reais.

Na fase de implantação do projeto, a exigência de garantia fidejussória dos controladores da beneficiária poderá ser dispensada, desde que observado o seguinte:

1. Compromisso dos acionistas controladores da beneficiária de complementar o capital da empresa em montante suficiente para finalizar a implantação do projeto.

2. Celebração de contratos que obriguem os empreiteiros e/ou fornecedores de equipamentos a concluir o projeto dentro do orçamento predeterminado, em data previamente especificada e conforme as especificações técnicas destinadas a assegurar a operacionalização e o desempenho eficiente do projeto.
3. Contratação de um seguro garantia, em benefício dos financiadores, contra riscos referentes à fase pré-operacional do projeto.

Caso haja dúvida sobre a capacidade dos acionistas de efetuar sua contribuição financeira para o projeto, deverá ser exigido o aporte antecipado do capital próprio como condição prévia para a liberação do financiamento.

Na fase operacional do projeto, a exigência de garantia fidejussória dos controladores da beneficiária poderá ser dispensada pela concessão, cumulativa, do seguinte:

1. Penhor ou alienação fiduciária em favor dos principais financiadores das ações representativas do controle da beneficiária.
2. Penhor em favor dos principais financiadores dos direitos emergentes do contrato de concessão, quando houver.
3. Outorga aos principais financiadores do direito de assumir o controle da beneficiária, quando admitido pela legislação.

As garantias reais situam-se em torno de 130% do valor financiado. A exigência do índice de 130% de garantias reais poderá ser dispensada caso a beneficiária comprometa-se a:

1. Não oferecer os ativos e recebíveis do projeto em garantia a terceiros sem autorização dos principais financiadores.
2. Oferecer em garantia aos principais financiadores, caso estes solicitem, quaisquer ativos e recebíveis supervenientes do projeto.

O custo financeiro (TJLP)

A taxa de juros de longo prazo (TJLP)[18] foi instituída pela Medida Provisória nº 684, de 31/10/1994, publicada no Diário Oficial da União em 3/11/1994, sendo definida como o custo básico dos financiamentos concedidos pelo BNDES.

---

18. A TLP substituirá a taxa de juros de longo prazo (TJLP) nos empréstimos do banco que utilizam recursos do Fundo de Amparo ao Trabalhador (FAT), do Fundo de Participação PIS-Pasep e do Fundo da Marinha Mercante (FMM). A nova taxa será utilizada como referência para os contratos assinados pelo BNDES a partir de 1º de janeiro de 2018. A nova taxa será calculada com base na variação do NTN-B, um título público, somado à variação da inflação, medida pelo Índice de Preços ao Consumidor Amplo (IPCA).

A TJLP tem período de vigência de um trimestre-calendário e é fixada pelo Conselho Monetário Nacional. Ela é divulgada até o último dia útil do trimestre imediatamente anterior ao de sua vigência.

Considerando-se a variabilidade da TJLP, é aconselhável que a estimativa da taxa utilize um histórico extenso das suas cotações de forma a eliminar os efeitos de possíveis picos e vales que trariam distorções à análise no caso da utilização de períodos muito curtos. Por esse motivo, considera-se adequada a utilização TJLP média dos últimos cinco anos.[19]

O *spread* do BNDES

Outro fator que compõe a taxa de financiamento que as empresas no Brasil encontram via Finem/BNDES é o *spread* cobrado pelo banco. Essa taxa é fixada pelo BNDES para pagar seus custos administrativos e operacionais e sua remuneração.

O *spread* do BNDES é definido pelas políticas do banco e varia de acordo com o tipo de projeto financiado. Assim como nos demais casos, os *spreads* a serem aplicados na avaliação dos projetos devem refletir as taxas praticadas pelo BNDES na época em que os financiamentos forem solicitados ao banco.

Para referenciar a composição das taxas cobradas nessas operações, apresentamos a seguir o quadro demonstrativo com os valores extraídos do site do BNDES.

Tabela 9.2 Taxa de juros = Custo financeiro + Remuneração básica do BNDES + Taxa de risco de crédito

Custo financeiro	Máximo de 70% de TJLP + mínimo de 30% de Cesta ou IPCA ou TSou TJ3 ou TJ6
Remuneração básica do BNDES	A partir de 1,5% ao ano (a.a.)
Taxa de risco de crédito	1% a.a. para Estados, Distrito Federal e Municípios ou até 4,18% a.a., conforme o risco de crédito do cliente

Fonte: http://www.bndes.gov.br/SiteBNDES/bndes/bndes_pt/Institucional/ Apoio_Financeiro/Produtos/FINEM/logistica_modal_rodoviario.html

O problema da inflação nos fluxos de caixa descontados

A avaliação pelo método do fluxo de caixa descontado (FCD) pode ser feita levando-se em conta tanto as projeções em moeda real como em moeda nominal.

---

19. RDE. *Revista de desenvolvimento econômico*. Ano IX, n. 15, Salvador, jan. 2007.

Conforme assinalam Martelanc et al. (2005, p. 93), uma projeção em moeda real estima os valores das receitas, dos custos e das despesas, supondo que não haverá inflação. Existe uma premissa de que o aumento de custos e despesas decorrente da inflação será repassado aos preços. O problema reside no fato de que não se pode inferir, *a priori*, o tempo que os repasses serão feitos aos preços e isto pode comprometer o resultado das estimativas com base no FCD.

Destaca-se que os efeitos da inflação impactam o resultado e, consequentemente, o valor de grande parte das empresas. Os autores citados registram também que a falta de entendimento sobre os problemas que a inflação causa nas avaliações podem gerar inconsistências que, por sua vez, podem gerar erros em aprovações ou rejeições de projetos de investimentos ou mesmo causar equívocos no cotidiano da gestão empresarial.

O simples acompanhamento das séries históricas dos índices de preços mostra que a inflação é um fenômeno bastante persistente na economia brasileira, a despeito do regime de metas de inflação. Passemos a analisar uma das formas de tratar a inflação nos fluxos de caixa descontados, que consiste em considerá-la neutra.

A suposição de inflação neutra

Trata-se de uma forma simples de considerar a inflação, supondo-a neutra ou irrelevante na análise. Essa suposição está baseada no seguinte argumento: se a inflação I_{nfl} atinge todos os preços por igual, tanto o fluxo de caixa como a taxa de desconto incorporam um fator $(1 + I_{nfl})$ que, atuando simultaneamente descapitalizando no denominador e capitalizando no numerador, tendem a se compensar mutuamente. Com base nesse argumento, seria irrelevante o emprego de taxas reais ou taxas nominais, pois, na medida em que a inflação impacta todos os preços ao mesmo tempo, o seu efeito seria neutro. Apesar de sua apresentação ser lógica, o argumento de inflação neutra é ingênuo, pois, em regra, existem múltiplas situações nas quais a inflação não pode ser considerada neutra.

O emprego de moeda real, ou seja, a suposição de inflação não neutra

Trata-se de uma postura mais consistente com o fenômeno econômico do cotidiano do mercado. Esta medida é considerada a mais apropriada pelos analistas que calculam o valor das empresas projetando os seus fluxos de caixa. Dentre os argumentos que sustentam o emprego desta metodologia, segundo Martelanc et al. (2005, p. 95), destacam-se:

1. A técnica é simples e gera ganhos para o custo da projeção e para a comunicação com terceiros, além de acarretar menos erros operacionais.
2. Este método expressa com maior precisão os fenômenos microeconômicos, tais como os aumentos reais de preços e volumes, permitindo aos analistas uma maior clareza sobre o conjunto dos fenômenos econômicos da empresa.
3. Permite que os efeitos da inflação se tornem explícitos nos valores apresentados.
4. Quando as taxas de inflação se elevam, este método permite avaliar com maior efetividade as políticas de precificação tanto da empresa, como dos seus fornecedores, tornando as análises de sensibilidade mais realistas.

O emprego de ajustes para que se possa incorporar os efeitos da inflação pode ocorrer com periodicidade anual, mas também pode se verificar em períodos mais curtos, caso a inflação se manifeste em elevação ou fique instável. Os ajustes de inflação são pouco conhecidos e praticados, mas sua desconsideração pode implicar distorções no cálculo do valor das empresas sob análise, o que pode acarretar prejuízos para compradores e vendedores. Apresentamos os principais efeitos da desconsideração da inflação:

A correção monetária de balanços e o lucro econômico

Destaca-se que, até 1995, algumas contas dos balanços eram atualizadas monetariamente para compensar a inflação. No lado esquerdo corrigiam-se as contas do ativo permanente e no lado direito as contas do patrimônio líquido. A depreciação deveria também ser calculada sobre os valores já corrigidos. Como consequência, considerando que as contas do ativo e do patrimônio líquido não seriam exatamente iguais, haveria um lucro ou prejuízo de correção monetária, conforme predominassem o ativo permanente (no caso de lucro) ou o patrimônio líquido (no caso de prejuízo). A racionalidade subjacente a esse procedimento baseia-se no fato de que a manutenção de ativos mais líquidos, como equivalentes de caixa, contas a receber e mesmo estoques, sofre os efeitos da inflação. O mesmo ocorre com os exigíveis no passivo.

Com a necessidade de desindexar a economia, no final de 1995, no bojo das medidas do Plano Real, com o objetivo de suprimir a memória inflacionária, foi eliminada a correção monetária dos balanços corporativos. Embora fosse uma medida apropriada à conjuntura econômica da época, ela trouxe também consequências prejudiciais pra as empresas, pois perderam um importante referencial do resultado, uma vez que o efeito da desconsideração da correção monetária geraria distorções. A primeira distorção dizia respeito ao imposto de renda, já que as empresas seriam tributadas sobre um lucro economicamente inexistente, sobretudo para as empresas que tivessem um ativo permanente inferior ao patrimônio líquido. Para efeito de exemplificação, se supusermos que uma empresa tem patrimônio líquido duas vezes maior que o total do ativo permanente. Nesse caso, o excesso de lucro tributável em razão da impossibilidade de declaração do lucro econômico real chega a 5% do seu patrimônio líquido. Aplicando sobre esse lucro inexistente uma alíquota de 34%, o prejuízo efetivo será de 1,7% do patrimônio líquido. Tal valor não é desprezível.

O problema da desconsideração da inflação na depreciação

Mais um exemplo de distorções causadas pela desconsideração da inflação nos balanços que reflete no fluxo de caixa livre da empresa. A atual legislação tributária brasileira diz que a depreciação deve permanecer com o seu valor nominal, apesar de o valor bruto do bem depreciado tender a acompanhar a inflação.

Por exemplo, no caso de uma instalação avaliada em R$ 5 milhões, que seria totalmente depreciada em dez anos à razão de R$ 0,5 milhão por ano. Vamos supor que a inflação acumulada em cinco anos seja de 60%. Nesse caso, o valor de reposição do ativo seria de R$ 8 milhões e ele deveria estar sendo depreciado à razão de R$ 0,8 milhão por ano, embora a legislação fiscal continue a manter os mesmos R$ 0,5 milhão originais.

Em termos reais, é como se a depreciação efetiva tivesse sido reduzida em um terço do valor real. Aparentemente, quando da apuração do fluxo de caixa da empresa, a depreciação retorna ao caixa, compensando a sua saída na apuração da DRE. O problema é que a depreciação é uma despesa redutora do lucro tributável.

Póvoa (2012, p. 374), um dos mais importantes analistas de valor de empresas atualmente no mercado, apresenta algumas considerações a respeito dos problemas da desconsideração da inflação nas avaliações de empresas, sob três óticas.

Do ponto de vista do fluxo de caixa, ocorre uma elevação do lucro nominal, mas os valores de investimentos líquidos físicos e de investimentos em capital de giro também sobem, por conta da maior inflação. Em regra, o efeito final no fluxo de caixa é negativo.

No que diz respeito ao imposto a pagar, como a contabilidade fiscal não leva em conta os preceitos contábeis das normas IFRS, é normal que os lucros subam mais rapidamente que a depreciação contábil, fazendo as empresas pagarem mais impostos em tempos de alta inflação.

Sob a ótica da taxa de desconto, as mesmas tendem a ser elevadas com o advento da inflação por dois motivos. O primeiro deles é que a inflação tende a majorar o ativo livre de risco, em termos nominais, em razão da estimativa de inflação mais elevada, o que acaba contaminando também as taxas reais de juros.

O segundo é que o efeito sobre os prêmios de risco tendem a ser mais altos em ambientes com incertezas decorrentes da inflação.

Em virtude dessas considerações, Póvoa alerta que algumas empresas tendem a ser mais afetadas de forma negativa em face da inflação:

1. Empresas muito capital-intensivas: suas necessidades de reposição do capital com preços inflacionados mais que superarão o crescimento nominal dos lucros, já que serão pagos cada vez mais impostos comparativamente ao valor da depreciação contábil.
2. Empresas com baixa rentabilidade: o peso do pagamento mais alto de impostos, somado aos investimentos físicos reajustados para um patamar acima do valor de depreciação do balancete, tende a deprimir o fluxo de caixa.
3. Empresas com poder de mercado limitado (produtos tipo *commodities*) e/ou em segmentos de alta concorrência e/ou em setores "decadentes": As negociações tendem a ser mais complicadas com os fornecedores, pois torna-se mais difícil repassar para os consumidores as elevações de custos, gerando uma perda paulatina de margens.

Um aspecto interessante, destacado por Póvoa, é o fato de que as empresas concessionárias de serviços públicos, como é o caso das concessões de rodovias, tendem a ser menos afetadas pelos efeitos inflacionários, ou até mesmo tendem a ser beneficiadas, já que suas receitas são contratualmente indexadas à inflação.

capítulo 10

A inadequação dos modelos baseados em TIR e um critério alternativo

O presente capítulo discorre sobre a inadequação dos modelos atualmente em uso, no âmbito da Agência Nacional de Transportes Terrestres (ANTT), para a estimação das taxas de retorno desses investimentos.

Os parâmetros empregados pela ANTT em suas metodologias para a avaliação de desempenho econômico e financeiro nos modelos de concessões são definidos pela Secretaria do Tesouro Nacional (STN) em suas notas técnicas, que funcionam com a imperatividade normativa nos estudos técnicos realizados.

Ocorre que os parâmetros que orientam as metodologias adotadas nos modelos de concessão (WACC, R_f, R_m, β, K_e, R_{reg} e outros) têm as características desejáveis de acordo com os fundamentos doutrinários de suas respectivas caracterizações. Não raro, a definição dos parâmetros apresentados pelas notas técnicas, em especial a Nota Técnica nº 64/2007 STN/SEAE/MF, possui inconsistências sob o ponto de vista doutrinário, que podem comprometer sensivelmente a efetividade de uma avaliação baseada neles.

A seguir apresentamos uma série de observações acerca das inconsistências observadas na construção dos parâmetros definidos na Nota Técnica e os aspectos doutrinários relevantes de cada um deles.

Equilíbrio econômico-financeiro em concessões

O conceito de equilíbrio econômico financeiro, conforme ensina Vasconcelos (2004, p. 57), está intimamente vinculado à ideia de justa equivalência entre encargos e benefícios decorrentes da relação entre contratantes e contratados. Em termos financeiros, isso significa uma troca na qual nenhuma das partes perde ou ganha valor, ou seja, as partes fazem uma transação com valor presente líquido igual a zero. Quando essa premissa deixa de existir e são forçadas transações com valor presente líquido diferente de zero, deixa de haver equivalência justa.

Nessa ótica, o valor presente líquido equivale à igualdade entre a taxa interna de retorno e custo de oportunidade do capital em transações que envolvem projetos de investimento de longo prazo, como o de uma concessão rodoviária.

Por sua vez, as agências reguladoras, por exemplo a Agência Nacional de Energia Elétrica (Aneel) em seus contratos do setor elétrico, consideram que a taxa de retorno deve ser obtida mediante a utilização do método do custo médio ponderado de capital (*weighted average cost of capital* – WACC), incluindo o efeito dos impostos sobre a renda. Assim as agências reguladoras buscam oferecer aos concessionários um retorno equivalente ao que eles obteriam se estivessem investindo em empresas com características de riscos comparáveis. Fica implícito nessa condição que nos processos de revisão tarifária periódicos as agências devem rever o custo de oportunidade do capital com base nas mudanças das condições nos mercados desde a fixação anterior de tarifas. De acordo com Vasconcelos (2004, p. 58), a própria Aneel reconhece que não faz sentido manter a tarifa subordinada a uma taxa interna de retorno (TIR) calculada à época original da licitação, quando as condições econômicas eram outras.

Há certa confusão conceitual, na qual muitos economistas incorrem, no sentido de que a TIR possui a grande vantagem de ser um indicador calculado apenas com os valores do fluxo de caixa líquido do projeto ou do negócio, não dependendo de outras variáveis externas, ou seja, não seria preciso considerar variáveis exógenas ao projeto. Tais características justificariam o emprego da TIR como parâmetro para aferição do equilíbrio econômico-financeiro ou para reequilibrar contratos de concessão de serviço público desequilibrados.

Não obstante, se considerarmos que a TIR é uma taxa calculada a partir dos fluxos de caixa projetados pelo licitante, que provavelmente incluirá em suas projeções variáveis que representam fatores de risco endógenos e exógenos, de sua responsabilidade ou não. Por essa razão, não é correto afirmar que ela não depende de variáveis externas. Na verdade, a única variável externa de que a TIR não depende é justamente o custo de oportunidade do capital, que deve ser o elemento correto de comparação para efeito da decisão de investimento.

Destaca-se que o critério adotado pela ANTT na segunda etapa de concessões rodoviárias federais, expresso na nota técnica nº 64/2007 STN/SEAE/MF, de 17 de maio de 2007, fixou para estimação da Taxa Interna de Retorno dos Estudos de Viabilidade Econômico-Financeira um cálculo de custo de capital expresso pelo WACC. Dessa forma, admite-se que o equilíbrio seria dado pela equivalência entre a TIR e o WACC. Como o WACC já explicita a forma pela qual a concessão será financiada, os fluxos de caixa usados no cálculo da TIR da concessão devem ser os fluxos de caixa não alavancados. Se esse cuidado não for assumido, pode ocorrer o problema de computar-se duas vezes o impacto da alavancagem, ou seja, do financiamento com capital de terceiros na fixação da taxa de retorno e na análise da viabilidade da proposta.

A base de comparação para o investidor será a sua taxa mínima de atratividade, ou *hurdle rate*. A *hurdle rate* é definida em Damodaran (1997, p. 162-163) como: "a taxa que um projeto precisa superar para ser considerado aceitável".

De um modo geral, os modelos adotados para a construção de estruturas financeiras de futuras concessões obedecem a aspectos e visões de mundo oriundas de outros países (no caso, os Estados Unidos) e em outras características de ambientes de mercado. Assim, quando a ANTT adota os mesmos parâmetros em suas metodologias para a avaliação de desempenho econômico e financeiro nos modelos de concessões, ela acaba assumindo implicitamente as distorções decorrentes dessa escolha. O problema reside no fato de que esses constructos teóricos são incorporados pela STN em suas notas técnicas. Até aí, nada de mais, se os efeitos de sua imperatividade normativa se restringissem aos aspectos puramente acadêmicos e reflexões entre estudiosos com vistas a sua depuração e aperfeiçoamento. Destarte, uma vez que esses elementos de modelagem passam a funcionar como um referencial inarredável nos estudos técnicos realizados, graves distorções podem ocorrer na modelagem pretendida, que tende a se afastar cada vez mais da suposta realidade descrita.

Não obstante, uma apreciação acerca dos parâmetros que norteiam as metodologias adotadas nos modelos de concessão (WACC, R_f, R_m, β, K_e, R_{reg} e outros) pode ser empregada desde que evidencie algumas características desejáveis, de acordo com os fundamentos doutrinários, devidamente amadurecidos por quase quatro décadas após sua apresentação, que permitem corrigir eventuais distorções em sua concepção original.

Contudo, uma análise detida sobre a questão demonstra que a definição dos parâmetros empregados nas notas técnicas, em especial a Nota Técnica nº 64/2007 STN/SEAE/MF, que trata das concessões de rodovias, possui inconsistências substantivas que podem reduzir a efetividade de uma avaliação que os empregue.

Só para que se possa inferir com mais propriedade acerca dessa questão, uma baixa taxa interna de retorno (TIR) pode acarretar ausência de interessados no certame que oferecer uma determinada infraestrutura. Isto gera consequências que vão além da mera frustração do procedimento licitatório, tais como a propagação de um sentimento generalizado de descrédito com relação ao instrumento e também a emissão de sinais equivocados, que tendem a frustrar as expectativas dos investidores.

O emprego do conceito de TIR na metodologia da ANTT

Pretendemos apresentar algumas considerações de natureza doutrinária, que fragilizam a adoção do conceito de TIR na metodologia empregada pela ANTT para orientar o processo de licitação da segunda etapa de concessões rodoviárias federais, com base na Nota Técnica nº 64/2007 STN/SEAE/MF.

A referida nota técnica tinha por objetivo a análise crítica, dentre outros aspectos, dos parâmetros empregados para a apuração do custo médio ponderado de capital, cujo resultado serviu de referência para a determinação da taxa interna de retorno do projeto, utilizada pela ANTT, no cálculo da tarifa de pedágio a ser considerada.[1]

Em uma rodada de licitação para a oferta de concessões de serviços públicos é preciso indagar acerca dos motivos que levam um grupo de investidores a compor um consórcio para operar a concessão. Entre o conjunto de aspectos que devem ser considerados para a decisão de investimentos de longo prazo, destaca-se que o objetivo principal é a geração máxima de valor para os fornecedores de capital próprio, ou seja, seus acionistas, no caso de uma sociedade por ações.

Para a aferição do valor de um investimento, em especial de um investimento com características de projeto, como é o caso de uma concessão rodoviária, a literatura de economia financeira consagrou há décadas o emprego dos fluxos de caixa descontados. Essa metodologia tem como base as projeções dos fluxos de caixa livres do empreendimento que são trazidos para o seu valor presente por meio de uma taxa que reflita o risco dos fornecedores de capital. Apesar de todas as limitações desse modelo, ele é aceito como sendo um apropriado método de avaliação para orientar a tomada de decisão de investimento.

Assim, a condição necessária, mas não suficiente, para que um investimento seja realizado é a expectativa de que ele gere um fluxo de benefícios, em termos

---

[1]. Conforme disposição contida na Nota Técnica nº 64 STN/SEAE/MF, de 17 de maio de 2007, folha 1.

de caixa, cujo valor presente seja superior ao valor presente dos gastos exigidos. Não obstante, cumpre registrar também que, em qualquer análise de valor de ativos, o que se pretende obter não é um valor absoluto, mas um intervalo de possíveis valores entre os quais o verdadeiro valor esteja inserido, até porque, em um mercado constituído, os valores refletidos nos preços estão em permanente oscilação.

Verifica-se na referida nota técnica que para estimar alguns parâmetros do modelo são usados os retornos históricos passados. Adicionalmente, para estabelecer o WACC, é necessário aceitar a premissa de que o custo de capital próprio foi estimado corretamente, bem como as proporções de uso do capital próprio e de terceiros também são apropriadas. Fica implícito que se forem cometidos erros conceituais muito significativos, o modelo tenderá a produzir resultados bastante afastados do verdadeiro valor que se pretende estimar.

Cálculo do prêmio de risco da carteira de mercado

Uma definição acerca do conceito de prêmio de risco de um ativo pode ser encontrada em Bodie, Kane e Marcus (2000, p. 169). Os autores consideram o prêmio de risco como o retorno esperado de um ativo deduzido do retorno de um ativo sem risco (r_f).

A medida do prêmio de risco que os modelos de concessões adotam como parâmetro para o estabelecimento da taxa interna de retorno (TIR) nos estudos de viabilidade econômico-financeira da segunda etapa de concessões rodoviárias federais é definida por meio da Nota Técnica nº 64/2007 STN/SEAE/MF. Para o estabelecimento desse prêmio de risco foi necessário definir tanto o retorno do ativo livre de risco (r_f) a ser considerado quanto o prêmio de risco da carteira de mercado (r_m). Para a taxa livre de risco, a Nota Técnica nº 64/2007 utilizou a taxa livre de risco do retorno médio anual da série histórica dos retornos diários do Standard & Poors 500[2] (S&P 500), o índice das 500 principais ações negociadas no mercado norte-americano), considerando o período de janeiro de 1995 a junho de 2005. A nota técnica ressalta ainda que esse valor equivale ao calculado pela *Ibbotson Associates*, no período compreendido entre 1926 e 2004, destacando o atributo de robustez da média ali obtida.

Quanto ao emprego de séries históricas longas para a estimação dos prêmios de risco com o intuito de se obter médias supostamente mais consistentes, a mo-

---

2. O termo S&P 500 é uma abreviação de Standard & Poors 500. Também conhecido por "o S&P", é um índice composto por quinhentos ativos (ações) cotados nas bolsas de NYSE ou NASDAQ, qualificados para ingressar na relação devido ao seu tamanho de mercado, sua liquidez e sua representação de grupo industrial. Trata-se de um índice ponderado de valor de mercado (valor do ativo multiplicado pelo número de ações em circulação) com o peso de cada ativo no índice sendo proporcional ao seu preço de mercado.

derna teoria financeira apresenta uma série de críticas que podem comprometer a eficácia do seu uso em modelos de avaliação de ativos. São elas:

1. Viés de sobrevivência: ao se empregar séries históricas dos EUA, é preciso considerar que os prêmios calculados com base no desempenho do mercado norte-americano são enviesados para cima porque o mercado norte-americano foi um dos mais bem-sucedidos ao longo do século XX. Isto faz que haja um viés que pode comprometer a efetividade do seu emprego em outros mercados.
2. Custos de transações, a regulamentação e os impostos: trata-se de outra peculiaridade do mercado dos EUA, no qual a elevação dos retornos teria sido uma consequência da redução da alíquota de imposto de renda sobre dividendos, fato que acabou contribuindo para os prêmios observados mais altos.
3. Uso indevido de taxas de retorno de títulos públicos de curto prazo como rendimento do ativo livre de risco: o fato é que esses títulos servem sobretudo como uma reserva de liquidez para os agentes e correspondem a uma fração insignificante das carteiras dos investidores. Além disso, é importante casar os prazos dos ativos que serão analisados com os prazos de vencimento dos títulos representativos dos ativos livre de risco.

Dessa forma, seria mais apropriado o uso de retornos de títulos de longo prazo como *proxy*[3] para o retorno do ativo livre de risco, pois, como seriam mais elevados que os de títulos de curto prazo, isso acabaria reduzindo os prêmios que de fato deveriam ser observados.

Damodaran (2012, p. 98) destaca que há o problema da variabilidade dos resultados quando os prêmios de risco do *equity* são calculados. Isso ocorre porque os diferentes meios de estimação do prêmio de risco do *equity*, cujos resultados são disponibilizados pelos analistas, podem ser justificados em virtude dos parâmetros e premissas que eles estabelecem em suas metodologias. Contudo, verifica-se uma variabilidade de valores finais, conforme esses parâmetros e premissas são distintos (embora metodologicamente corretos).

Para Damodaran, o prêmio de risco é um componente crítico e fundamental para a gestão de portfólios, as finanças corporativas e para a avaliação. Dentre os fatores que determinam esse prêmio de risco, estão a volatilidade de aspectos

---

3. Trata-se de um conceito auxiliar, ou seja, é uma suposição empregada como referência para se estimar o valor de uma *variável*, quando o seu conhecimento for algo difícil de obter, ou ainda uma aproximação no mundo real de uma variável definida em modelo econômico. Neste sentido, adota-se um "proxy" nas situações em que aferir diretamente é um procedimento difícil, impossível, ou mesmo custoso. Um proxy será uma entidade correlacionada com aquilo que se deseja medir, que é mais fácil de obter e mensurar.

macroeconômicos, o grau de aversão ao risco dos investidores e componentes de ordem comportamental.

Estimativa da taxa livre de risco

De acordo com a Nota Técnica nº 64/2007 STN/SEAE/MF, a taxa livre de risco (r_f) para referência da ANTT consiste de uma estimativa obtida a partir da taxa de juros média anual dos títulos do tesouro americano (T-bond), com prazo de vencimento de dez anos no período de janeiro de 1995 a junho de 2005. Essa média foi adotada como parâmetro de rentabilidade sem risco. Como a nota técnica foi elaborada em 2007, ela sugeria inclusive atualizar a série para dezembro de 2006. O valor encontrado foi de 5,30%.

Passemos a analisar os aspectos doutrinários relativos ao ativo livre de risco e à taxa livre de risco. Quanto ao conceito de ativo livre de risco, Damodaran (2009, p. 159) afirma que um ativo será livre de riscos se o agente econômico conhecer o seu retorno esperado com certeza, ou seja, o retorno real verificado será sempre igual ao retorno esperado. Para que o ativo tenha essa característica é preciso atender a duas condições simultaneamente: inexistência de risco de inadimplência e ausência de risco de reinvestimento.

Na primeira condição, a rigor, qualquer título emitido por uma empresa privada tem algum grau de risco de inadimplência. Assim, os únicos títulos que não sofrem essa restrição são os títulos governamentais, porque um governo soberano é capaz de emitir moeda para saldar seus títulos.

Para atender à segunda condição, é necessário mitigar todos os efeitos de eventuais reinvestimentos ao longo do período de manutenção do título. Uma forma de eliminar esse problema consiste em se exigir que o título não tenha pagamento de cupons ao longo de seu prazo de vencimento. Assim, se o agente econômico está envolvido em uma tomada de decisão com um prazo de dez anos, a taxa livre de risco requerida deve ser a de um título do governo (supostamente livre de inadimplência) com cupom zero (sem pagamentos intermediários).

Em se tratando de empresas que podem ser analisadas por horizontes de tempo que variam entre um e dez anos (ou mais), o correto é empregar como taxa livre de risco a taxa de um título do governo com vencimento em prazo equivalente. Damodaran (2009, p. 160) registra que as taxas de longo prazo nos Estados Unidos são em média entre 2% e 3% maiores que as taxas de curto prazo.

Ainda quanto às taxas livres de risco empregadas em modelos de avaliação, é preciso manter a coerência entre a moeda dos fluxos de caixa projetados com a moeda em que são denominados os títulos que servirão de referência para os ativos livres de risco. Por fim, Damodaran (2009, p. 160) recomenda que, sob condições de inflação elevada e instável, caso os fluxos de caixa projetados sejam estimados em valores reais, a taxa livre de risco deve observar o mesmo procedimento para que a coerência seja mantida.

Merece destaque também a hipótese de não existir entidades livres de inadimplência disponíveis, como no caso de países que os governos não são tomadores de empréstimos de longo prazo. Nesses casos, é possível adotar uma acomodação que gera estimativas razoáveis para a taxa livre de risco. A solução proposta consiste em verificar a taxa que as empresas mais seguras e estáveis pagam por seus empréstimos e subtrair um pequeno *spread* deste valor. Damodaran (2009, p. 160) intuitivamente, sugere reduzir em 1% a taxa que as empresas sólidas costumam pagar por seus empréstimos, já que o seu risco de inadimplência é baixo, para usar esse valor como estimativa da taxa livre de risco.

Em seus aspectos principais, a metodologia da ANTT, conforme a revisão apresentada na Nota Técnica nº 64/2007, envolve a estimação da taxa interna de retorno de equilíbrio de uma concessão por meio da estimação de seu custo de oportunidade do capital, o qual é, por sua vez, determinado pelo valor estimado de seu custo médio ponderado de capital (WACC).

Passemos a analisar o que está contido na Nota Técnica nº 64/2007, que recorre ao modelo CAPM, também conhecido como modelo de precificação de ativos (*Capital Asset Pricing Model*) para a definição do custo de capital, ou seja, conforme à equação:

$$k_e = r_f + \beta (r_m - r_f) + r_b$$

Na referida nota técnica, existem as seguintes premissas:

k_e = Retorno exigido do capital próprio
r_f = Taxa de juros do ativo livre de risco, representado por *US T-bonds* com prazo de dez anos
β = Beta estimado do capital próprio
$r_m - r_f$ = Prêmio estimado por risco da carteira de mercado
r_b = Prêmio por risco-país.

O valor da taxa de juros livre de risco é obtido calculando a média de uma série histórica anual cobrindo o período de dez anos anteriores à data para a qual a determinação da TIR é desejada

Por sua vez, o prêmio por risco da carteira de mercado (r_f) é obtido calculando a diferença entre a média de retornos do índice Standard & Poor's 500, um índice das 500 principais ações negociadas no mercado norte-americano, usando-se também dez anos de dados, e a média utilizada acima para determinar o valor de r_f. O prêmio por risco-país também é obtido pela média entre *spreads* de taxas de título da dívida brasileira e o valor de r_f calculado.

Como elemento representativo do risco sistemático associado ao investimento, a Nota Técnica nº 64/2007 emprega o índice β, ou coeficiente beta. Conforme registra Sanvicente (2012), o coeficiente beta não alavancado de uma concessão é estimado com base em uma amostra de 20 empresas dos mais diferentes continentes e países (uma da América do Sul, uma da Oceania, nove da Europa e nove da Ásia).

A conclusão que podemos inferir do que foi apresentado por Damodaran é o fato de que o emprego de uma série histórica do mercado norte-americano não é uma medida apropriada, uma vez que o ativo livre de risco de referência possui os seguintes inconvenientes:

1. Não está expresso na mesma moeda dos fluxos de caixa projetados.
2. Não tem a mesma duração que o fluxo de caixa projetado da concessão.

Um exemplo de aplicação para dezembro de 2008

Inicialmente vamos destacar as inconsistências doutrinárias da metodologia sugerida pela STN.

Problemas com a estimação do custo de capital próprio

Existem muitos críticos acerca do emprego dessa metodologia contida na Nota Técnica nº 64/2007. Por exemplo, Sanvicente (2012) apresentou uma simulação expressando o que seria encontrado como parâmetro de decisão caso fosse calculado o custo de capital próprio, empregando essa metodologia ao final de dezembro de 2008.

O resultado obtido seria um custo de capital de 1,25% ao ano formado por taxa livre de risco de 4,68% ao ano, prêmio por risco da carteira de mercado de -6,60% ao ano, e prêmio por risco-Brasil de 3,17% ao ano. Esse resultado supõe, evidentemente, que o capital próprio da concessão tivesse risco igual à média, ou seja, beta igual a um.

Tudo o mais igual, tomando-se por referência o exemplo anterior, se considerarmos o risco-Brasil de maio de 2013 de 170 pontos base, então o custo de capital próprio da concessão seria igual a 4,68% + 1,0 × (–6,60%) + 1,7% = –0,22% ao ano. Em outras palavras, a taxa justa de remuneração do capital próprio aplicado na concessão seria negativa.

Problemas com a estimação do custo de capital de terceiros

Prosseguindo com a análise anterior, passemos a simular a estimativa do custo de capital de terceiros, com base na metodologia da Nota Técnica nº 64/2007. O custo de capital de terceiros é determinado de acordo com a soma entre a taxa livre de risco, o prêmio por risco-Brasil e o prêmio por risco de crédito, este último determinado pelo *spread* cobrado pelo Banco Nacional de Desenvolvimento Econômico e Social (BNDES) em linhas de crédito para projetos de infraestrutura.

Além disso, o custo de capital de terceiros foi ajustado pelo benefício fiscal de 34% (IRPJ + CSLL). Assim sendo, em dezembro de 2008, como a taxa média histórica de títulos do tesouro dos Estados Unidos (*US T-bonds*) com prazo de dez anos era igual a 4,68%, o prêmio por risco-Brasil era igual a 3,17% ao ano, e o *spread* nessas linhas do BNDES era igual a 1,3% ao ano.

Concluindo, o custo de capital de terceiros, antes de impostos, seria igual a 4,68% + 3,17% + 1,30% = 9,15% ao ano. Enquanto isso, o custo de capital próprio estimado seria ínfimo ou mesmo negativo. Isso contraria toda a literatura de finanças existente que diz que, como o capital próprio tem risco superior, sua remuneração, quando o mercado está em equilíbrio, deve ser superior à do capital de terceiros.

Problemas com as proporções entre capital próprio e capital de terceiros

As proporções de capital próprio e de capital de terceiros foram fixadas em, respectivamente, 60% e 40% na Nota Técnica nº 64/2007, mesmo com o reconhecimento de que, com o passar do tempo, as proporções mudariam na concessão.

Apenas essa afirmação bastaria para fazer que o WACC originalmente calculado deixasse de ser representativo da taxa justa de retorno, afastando a concessão de seu equilíbrio, mesmo que nada mais se modificasse na concessão e/ou na economia nacional e internacional. O argumento apresentado para essa escolha é que essas foram as proporções no financiamento das parcerias público-privadas (PPP) da Rodovia BR-116/324, e que estariam em linha com estudo realizado pelo Banco Mundial em 2005. Portanto, o custo médio ponderado de capital resultante, a ser usado como TIR de equilíbrio de uma nova concessão licitada no final de dezembro de 2008, seria igual a:

$$WACC_{ANTT} = 0,60 \times 9,15\% \times (1 - 0,34) + 0,40 \times (-0,1154\%) = 3,5772\% \text{ ao ano}$$

Podemos admitir que tal resultado não é representativo, em termos econômicos, no mundo real. Isso demonstra a fragilidade da metodologia que é tida como referência pelas agências governamentais.

Críticas à metodologia da ANTT

É possível realizar uma série de observações críticas quanto à consistência doutrinária dos aspectos contidos nas notas técnicas emitidas pela STN e agências reguladoras. Se o conteúdo dessas instruções for seguido à risca, sem que seja realizada uma avaliação de consistência com a realidade do mercado no momento da elaboração da modelagem, há um risco considerável de ser gerada uma informação irrelevante, conforme se demonstrará.

A seguir elencam-se as críticas que podem ser feitas, particularmente com relação à estimação do custo de capital próprio, em que justamente se depende mais de estimativas. Deve sempre ser lembrado que, à parte de algumas escolhas específicas feitas na Nota Técnica nº 64/2007, as metodologias das agências reguladoras no Brasil têm os mesmos problemas porque, no fundo, todas têm a mesma matriz, a saber, as notas técnicas da Aneel.

1. Usar médias históricas para estimar a taxa livre de risco, o prêmio por risco do mercado de ações e o prêmio por risco-país, em lugar de usar cotações correntes desses componentes do custo de capital próprio.
2. Usar indicadores de mercado de ações dos Estados Unidos, quando é fácil constatar que o mercado doméstico de ações já é suficientemente bem desenvolvido para prover essas informações.
3. Usar betas de concessões rodoviárias de outros países, em vez de estimar betas a partir de variáveis relevantes para as condições nacionais.
4. Incluir um prêmio por risco-país, sem que se saiba, teórica ou empiricamente, se ele é de fato relevante para a formação do retorno exigido do capital próprio.

Passemos a explicar a razão pela qual são identificados problemas nesses aspectos. Preliminarmente, o uso de médias históricas de taxas e preços de ativos financeiros entra em confronto, tanto com a ideia básica de mercados eficientes, que é um conceito consagrado na teoria de finanças, como com o conceito básico de custo de oportunidade do capital, no sentido do retorno exigido pelo investidor. Portanto, o mais apropriado é estimar ou coletar o que é necessário a partir de cotações correntes de mercado.

Em seguida, como o mercado brasileiro já é bastante desenvolvido, as cotações correntes que ele oferece contêm informações suficientes para que seja possível inferir as estimativas necessárias, como será apresentado no exemplo apresentado a seguir. Em outras palavras, a prática de usar dados do mercado norte-americano, que vem da crença popular de que o nosso mercado, sendo muito limitado, não deve ser considerado para esses fins, até poderia ser válida há vários anos, mas não o é mais.

Em terceiro lugar, há o fato de que a escolha de betas já calculados para empresas do mesmo ramo, mas que operam em outros países, e em condições socioeconômicas e de regulamentação muito distintas, simplesmente não faz sentido. Um eventual argumento de analistas, baseado no fato de que são poucas as empresas concessionárias listadas em bolsa, a amostra seria irrelevante, sob o ponto de vista estatístico. É um equívoco, pois o que interessa mais é conhecer os fundamentos do índice beta, que é a medida de risco sistemático adotada na construção da taxa de desconto dos fluxos de caixa projetados. A importância de conhecer os fundamentos do índice beta desse setor é tal que, uma vez identificados, seria possível estimar até mesmo os índices beta de empresas que não fossem listadas em bolsa (de capital fechado).

Por fim, há o fato de que o prêmio por risco-país não acrescenta explicação significativa aos retornos das ações listadas na bolsa brasileira, depois de considerada a influência do próprio Índice da Bolsa de Valores de São Paulo (Ibovespa). Isso ocorre porque verifica-se que as variações do prêmio por risco-país afetam significativamente os preços da maioria das ações, ou seja, há correlação alta entre as variações do prêmio por risco-país e as variações do Ibovespa. Por essa razão, ao se explicar os retornos de ações individuais pelos retornos do Ibovespa, já se incorpora o efeito das variações do prêmio por risco-país, ou seja, um componente de prêmio de risco em virtude do risco-país na equação do custo de capital próprio. Assim, uma vez que o prêmio pelo risco do Ibovespa já está incluído na composição, seria uma dupla contagem considerar esse fator de risco na taxa de desconto a ser elaborada.

Em decorrência de todas essas críticas, é oportuno apresentar a sugestão de Sanvicente (2012), que propõe uma metodologia alternativa àquela contida nas notas técnicas das agências reguladoras. O referido autor entende que o melhor balizador para a estimação do custo de capital é a própria prática do mercado naquele momento, ou seja, os preços correntes que estão sendo praticados.

Por exemplo, na estimação da taxa livre de risco e do prêmio de risco do mercado de ações são usadas apenas cotações correntes. O referido autor apresenta sua proposta com base em preços correntes de dezembro de 2008, de ações negociadas na Bovespa. Para tanto, montou-se uma carteira de ações tão grande e representativa do mercado local quanto possível, e o retorno esperado dessa carteira foi estimado pela média simples dos retornos esperados das ações componentes da amostra. O procedimento adotado foi baseado no chamado modelo de Gordon, o qual diz que o valor intrínseco de uma ação (P_0) é dado pelo valor presente de seus dividendos futuros que crescem a uma taxa g constante (taxa de crescimento sustentável) para sempre. A expressão a seguir ilustra o que foi dito:

$$P_0 = \frac{D_1}{(k-g)}$$

em que:

P_0 = Preço corrente de mercado da ação
D_1 = Dividendo por ação projetado para o primeiro período (ano, se os dados utilizados forem anuais)

k = Taxa de desconto para o cálculo de valor presente dos dividendos
g = Taxa estimada de crescimento futuro dos dividendos, que se supõe ser inferior a k, e que pode ser calculada a partir da relação ROE × (1 − *payout*)

Nessa expressão, o retorno sobre o patrimônio líquido (ROE) é uma medida dada pelo quociente entre o lucro líquido e o patrimônio líquido da empresa, e o *payout* representa a proporção do que foi pago de dividendos em relação ao lucro por ação, ou seja, é a proporção do lucro distribuída aos acionistas por meio de pagamentos de dividendos em dinheiro. A taxa em questão é conhecida em economia financeira pelo nome de taxa de crescimento sustentável, pois representa a velocidade esperada de crescimento dos lucros da empresa quando ela não modifica suas políticas de financiamento e dividendos.

Para essa aplicação, foi realizada uma coleta no banco de dados da Economática, excluindo-se da amostra algumas empresas que poderiam distorcer a informação final:

1. Instituições financeiras, companhias de seguro e fundos fechados de investimento, porque a natureza de suas operações determina um grau de endividamento muito superior ao das demais empresas (agrícolas, industriais, comerciais e de prestação de serviços).
2. Empresas com lucro líquido e/ou patrimônio líquido negativo, porque o cálculo do retorno sobre o patrimônio líquido (ROE), usado na estimação da taxa de crescimento, g, perderia sentido.
3. Empresas cujas ações não tiveram cotação na janela de tempo explicada acima (até três dias antes do último pregão do ano).

Em seguida, os dados foram utilizados para os cálculos de: ROE = lucro por ação/valor patrimonial da ação; *payout* = dividendo por ação/lucro por ação; g = ROE × (1 − *payout*); D_1 = dividendo por ação × (1 + g); $k = D_1/P_0 + g$.

Por fim, foi calculada a média simples dos valores de k das empresas sobreviventes. Essa média passou a ser a estimativa do retorno esperado da carteira de mercado. Para o final de dezembro de 2008, o cálculo completo envolveu os resultados individuais de 112 empresas e a média simples dos valores obtidos de k foi de 20,88% ao ano.

Logo, como a taxa corrente de juros de *US T-bonds* com prazo de dez anos era, naquela data, de 2,25% ao ano, o prêmio estimado por risco da carteira de mercado era igual a 20,88% − 2,25% = 18,63% ao ano.

Um investimento com risco igual à média do mercado, ou seja, com beta igual a um, teria um custo de oportunidade de capital de 2,25% + 18,63% × 1 = 20,88% ao ano. Se uma nova concessão rodoviária, financiada integralmente com capital próprio, tivesse sua condição de equilíbrio econômico-financeiro determinada naquele momento, a sua TIR inicial deveria ser igual a 20,88%, e não apenas 1,25% ao ano, como a que resultaria da aplicação da metodologia da Nota Técnica nº 64/2007, como demonstrado anteriormente.

A questão seguinte a ser discutida diz respeito à participação do capital de terceiros na estrutura de capital. Isso é muito relevante porque, na sistemática adotada pelos governos dos presidentes Luiz Inácio Lula da Silva e Dilma Rousseff, as taxas de retorno eram impostas e muito baixas, de forma que a única saída para os empresários privados seria contar com farto financiamento do BNDES, na maior proporção possível, o que, na prática, faz o ônus do investimento principal ser arcado pelo próprio governo.

No caso da estrutura de capital, a teoria de finanças corporativas indica que, nas condições reais dos mercados de capitais (com o imposto de renda de pessoa jurídica e o risco e custo de falência), haverá uma estrutura ótima de capital para uma empresa, com a qual ela minimizará seu custo médio ponderado de capital. Portanto, a determinação das proporções ótimas de capital de terceiros e capital próprio, bem como os custos dos dois tipos de capital, é uma análise que precisa ser realizada simultaneamente, pois o grau de endividamento da empresa (alavancagem) afeta seu custo de capital próprio.

Não obstante, não é simples a determinação da proporção ótima de capital de terceiros de uma empresa, porque seria preciso estimar os custos de falência, e eles não são diretamente observáveis. Contudo, não é razoável acreditar que os mercados simplesmente ignorariam a possibilidade de falência, de sorte que, na prática, as instituições financeiras precificam essa possibilidade por meio das taxas de juros cobradas das empresas, que refletem alguma percepção do risco de falência e da estimação de custo de falência. Ou seja, esse custo, de uma forma ou de outra, acaba sendo cotado no mercado.

Apenas para efeito de ilustração, vamos usar o exemplo dado por Sanvicente (2012), que sugere empregar as proporções de capital de terceiros e de capital próprio informadas na Nota Técnica nº 64/2007 da STN, ou seja, 60% e 40%, respectivamente.

Para a estimação do custo de capital de terceiros, adotou-se o procedimento de somar a taxa livre de risco, o prêmio por risco-Brasil e o *spread* do BNDES. Contudo, não foram empregadas as médias históricas de taxas de juros de US T-bonds com prazo de dez anos e do prêmio por risco-Brasil. No lugar dessas medidas, usaram-se as taxas cotadas no final de dezembro de 2008, ou seja, 2,25% ao ano para o ativo livre de risco e 3,99% ao ano para o prêmio por risco-Brasil (14). Com o *spread* do BNDES cotado em 1,3% ao ano, o custo de capital de terceiros seria dado por meio da seguinte expressão:

Custo de capital de terceiros antes de impostos = 2,25% + 3,99% + 1,30% = 7,54%

Para concluir a aplicação da metodologia alternativa proposta, vamos então retomar todos os dados que são utilizados no cálculo do custo médio de capital, considerando valores correntes de mercado:

kd = Custo de capital de terceiros = 7,54% ao ano
t = Alíquota de imposto = 0,34
ke = Custo de capital próprio = 24,7345% ao ano
D/A = Proporção de capital de terceiros = 0,60
E/A = Proporção de capital próprio = 0,40

Assim, o valor do custo médio de capital, em dezembro de 2008, de acordo com as condições correntes de mercado e representando a taxa de retorno de equilíbrio para uma nova concessão rodoviária, seria:

WACC = 0,60 × 7,54% × (1 − 0,34) + 0,40 × 24,7345% = 16,4569% ao ano

Para efeito de comparação, a aplicação da metodologia da Nota Técnica nº 64/2007 produziu um WACC de apenas 3,5772% ao ano. Em dezembro de 2008, as cotações de títulos da dívida pública interna indicavam que, sem os riscos operacionais e financeiros do investimento em uma concessão rodoviária, era possível obter retorno de 12,93% ao ano em letras do Tesouro Nacional com prazo de 12 meses. Tais resultados evidenciam uma grande inconsistência no modelo de decisão, dado que nenhum investidor racional optaria por um investimento com menor retorno e maior risco.

Nossa recomendação aos responsáveis pela modelagem de concessões é no sentido de que devem se ater às informações do mercado, que é dinâmico e mais efetivo que uma metodologia estática como a sugerida nas notas técnicas orientadoras dos editais de concessão.

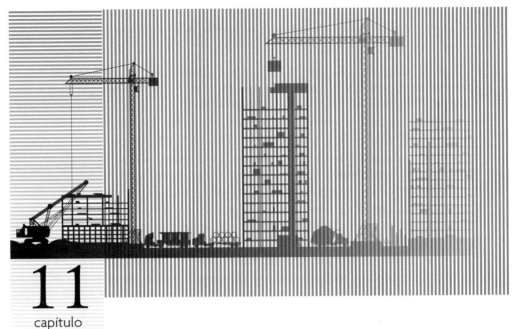

capítulo 11

A sociedade de propósito específico nas concessões

Para melhor operar uma concessão, no seu sentido original ou sob a forma de uma parceria público-privada, é necessário formar uma nova personalidade jurídica para viabilizar todos os aspectos da operação. Para tal, uma sociedade de propósito específico (SPE) deve ser constituída. Ela será a responsável por todas as etapas de implementação da parceria pretendida.

Dessa forma, é importante apresentar os elementos de caracterização de uma sociedade de propósito específico, em especial as suas particularidades de caráter jurídico, contábil e tributário.

A SPE sob a ótica societária

Como mencionado anteriormente, uma operação de concessão de infraestrutura envolve a constituição de uma sociedade de propósito específico (SPE). Uma SPE é formada pelos agentes interessados no negócio e seu patrimônio é segregado do patrimônio original dos seus sócios. Vamos descrever as características dessa forma societária, bem como os benefícios advindos de sua constituição.

Encontramos em Castro (2009, p. 5) o registro de que, no atual ambiente competitivo dos mercados, a cooperação entre as empresas emerge como meio capaz de torná-las mais competitivas. Entre os benefícios dessas formas de cooperação, destacam-se a capacidade de fortalecer o poder de compras, compartilhar recursos, combinar competências, dividir o ônus de realizar pesquisas tecnológicas, partilhar riscos e custos para explorar novas oportunidades e ainda oferecer produtos com qualidade superior e diversificada. Essas estratégias cooperativas têm sido recorrentemente utilizadas, alterando de forma significativa a percepção de empreendedores e agentes financiadores atuantes no mercado.

A constituição de uma SPE também pode ser entendida como uma forma de cooperação entre atores econômicos que desejam operar em conjunto em determinada atividade econômica, segregando a operação de sua atividade principal.

Para materializar esse instrumento de cooperação, existem modelos de organização empresarial por meio dos quais são constituídas novas empresas com responsabilidade limitada ou mesmo sociedade anônima com objetivo específico. Essa é a finalidade de uma sociedade de propósito específico (SPE). A SPE também é chamada de consórcio societário já que se assemelha com uma tradicional forma de associação, o consórcio contratual. Porém, apresenta características especiais que as tornam mais seguras e práticas nas relações entre as empresas.

O conceito da SPE já está consagrado no ambiente de mercado brasileiro, em parte por se tratar de uma modalidade de *joint venture*, que permite, definitivamente ou não, o empreendimento conjunto ou a associação de empresas para explorar determinado negócio, com fins lucrativos, sem que as entidades que a compõem percam sua personalidade jurídica.

Dessa forma, é possível afirmar que uma SPE representa um modelo de organização empresarial de uma nova empresa limitada ou sociedade anônima com um objetivo específico.

Não obstante, existe um aspecto, ainda relacionado ao associativismo e às estratégias de cooperação, que envolve as micro e pequenas empresas: sob determinadas condições, elas também podem constituir sociedades de propósito específico. Em dezembro de 2008, foi promulgada a Lei Complementar nº 128, que eliminou a figura do consórcio simples na lei geral das micro e pequenas empresas, introduzindo a possibilidade de criação de SPEs constituídas exclusivamente de MPEs optantes pelo simples nacional.

Cumpre observar que uma SPE não é considerada uma sociedade mercantil tipificada pela legislação brasileira. Por esse motivo, para que ela possa existir, deve adotar uma das formas de sociedade tipificadas no ordenamento jurídico brasileiro: sociedade limitada (Ltda), sociedade anônima (S/A), ou outra denominação prevista. Não obstante, alguns juristas identificam a sua previsão legal no art. 981 do novo código civil. Tal discussão não está pacificada, mas é irrelevante, pois, a despeito da falta de previsão legal expressa, fato é que a SPE vem sendo amplamente adotada na estruturação de negócios.

A SPE é entendida, por parte de alguns doutrinadores, como análoga a um consórcio societário, em virtude das semelhanças com a tradicional forma de associação denominada consórcio contratual. Contudo, uma SPE tem características peculiares que a tornam mais efetiva na condução de suas operações. Além disso, falta ao consórcio contratual uma personalidade jurídica própria.

Assim, o tipo societário escolhido para configurar juridicamente a SPE vai definir suas características básicas, uma vez que deverão ser respeitadas as normas legais de constituição e funcionamento do referido tipo societário, ou seja, se a opção for por uma sociedade limitada, então deverá seguir o disposto no novo código civil brasileiro (Lei nº 10.406/2002). Por sua vez, se a opção for constituir uma sociedade anônima, a SPE terá de obedecer o disposto na Lei nº 6.404/76. Uma vez constituída, uma SPE adquire personalidade jurídica própria e, em consequência, passa a ter uma estrutura organizacional distinta das sociedades que a constituíram.

Essa última característica, a personalidade jurídica própria, distingue uma SPE de uma sociedade em conta de participação (SCP), já que esta última se fundamenta na relação jurídica na qual um empreendedor (denominado sócio ostensivo) associa-se a investidores (denominados sócios participantes) para explorar uma atividade econômica. Ao sócio ostensivo cabe a realização (em nome próprio) dos negócios que são objeto da SCP e, consequentemente, assume a responsabilidade direta por eles.

Assim, o funcionamento de uma SPE segue as normas e exigências para a operação das sociedades limitadas em geral, por exemplo, designar um administrador, definir poderes e obrigações dos sócios, estabelecer *quorum* para votações e decidir regras e periodicidade para a distribuição dos lucros. Também pode-se elaborar um termo de confidencialidade para proteger informações estratégicas, tais como segredos de produção, composição de custos e outras particularidades que representem vantagens competitivas específicas das empresas que compõem o quadro societário.

Uma SPE, por sua vez, é uma sociedade com personalidade jurídica e escrituração contábil próprias com todas as demais características comuns às empresas limitadas ou às sociedades anônimas. É ainda uma sociedade patrimonial que, ao contrário dos consórcios, pode adquirir bens móveis, imóveis e participações.

Em geral, as SPEs são utilizadas para operar grandes projetos de engenharia, com ou sem participação do Estado, seja nos formatos de concessão tradicional, como na construção de usinas hidroelétricas e redes de transmissão de energia ou grandes obras de infraestrutura. As SPEs também são adotadas como formato societário nos projetos de parceria público-privadas (PPP) no Brasil.

Composição do capital e regime de tributação da SPE

Conforme assinalam Soares e Rosalino (2008), assim como ocorre com outras formas societárias, a composição do capital de uma SPE pode ser integralizada pelos sócios na forma de dinheiro, bens móveis e imóveis e, ainda, com direitos, desde que a eles possam ser atribuído valor econômico. Os ativos aportados pelos sócios passam a constituir o patrimônio da SPE.

Uma SPE configura-se em entidade autônoma, o que significa que pode adotar o regime tributário que lhe for conveniente, como qualquer outra pessoa jurídica. Assim, além das particularidades contábeis e dos critérios de reconhecimento de receitas e despesas, uma SPE poderá adotar o regime do lucro real ou do lucro presumido, no último caso desde que atenda aos limites de receita bruta constantes na legislação e sua atividade permita essa opção.

Entrementes, no caso de SPEs constituídas por micro e pequenas empresas, a tributação da SPE será operada de acordo com o regime de lucro real. As SPEs deverão manter a escrituração dos livros diário e razão. O regime de apuração será o de competência.

Ainda em razão da apuração do lucro real, as SPEs estão sujeitas à incidência de imposto de renda (IR), bem como da contribuição social sobre o lucro líquido (CSSL) e do adicional de imposto de renda (AIR), conforme legislação específica.

capítulo 12

Aspectos contábeis das concessões e PPPs

Vamos avaliar a adequação das normas contábeis brasileiras aos requisitos de governança exigidos pela adoção sistemática das parcerias público-privadas como alternativa para o atendimento das necessidades de infraestrutura, em um quadro de esgotamento da capacidade financeira do Estado. Para tanto, pretendemos comparar os requisitos impostos pelas normas internacionais que tratam do assunto com os dispositivos normativos que assimilaram esses postulados e passaram a constituir as normas contábeis brasileiras.

O arcabouço normativo relativo às parcerias público-privadas

O marco legal relativo às parcerias público-privadas buscou adaptar os preceitos e fundamentos das normas internacionais naquilo que fosse aplicável na legislação brasileira. Ele é constituído, entre outras normas, pelos seguintes dispositivos legais:

145

1. Lei nº 11.079/04: Trata das concessões administrativas e patrocinadas, do fundo garantidor de parcerias e dos limites fiscais vinculados às contraprestações das PPPs.
2. Lei nº 12.766/12: Trata da alteração da Lei nº 11.079/04, quando institui a figura do aporte de recursos na fase de investimento para a realização de obras e aquisição de bens reversíveis e gera implicações tributárias em razão do "diferimento" do IR apropriado quando da fase de operação proporcionalmente à depreciação do bem.
3. Portaria STN nº 614/06: Estabelece regras de contabilização baseadas em análises de riscos (demanda, construção e disponibilidade) e dá a base normativa para a elaboração do MCASP.
4. Ipsas 32 – Concessões: Trata da contabilização das PPPs pela ótica do setor público.

As Ipsas são normas internacionais de contabilidade aplicadas ao setor público que foram desenvolvidas pela federação internacional de contadores (Ifac) com o propósito de melhorar a qualidade e a comparabilidade das informações contábeis divulgadas por entidades do setor em âmbito mundial. Essas normas têm como base os *international financial reporting standards* (IFRS, originalmente derivados das IAS) emitidos pelo *international accounting standards board* (Iasb) que foram adaptados, quando necessário, ao contexto do setor público.

As Ipsas não consideram apropriada a abordagem baseada no controle e/ou riscos e benefícios, mas, sim, na fruição de potencial de serviços dos ativos. Nesse sentido, mesmo que eventualmente os parceiros privados obtenham receita por meio de tarifas, o ativo, via de regra, é registrado no parceiro público. Assim, o ativo registrado no setor público deve estar associado a um passivo, que deve ser baixado proporcionalmente à vigência do contrato. Os demais riscos devem ser tratados como passivos contingentes.

Por fim, temos o manual de contabilidade aplicada ao setor público (MCASP), um importante marco normativo para orientar os contadores quanto aos aspectos específicos de contabilização dos eventos e fatos contábeis no âmbito do setor público. A lógica de configuração do MCASP buscou adaptar a cultura contábil orçamentária existente no setor público brasileiro para a cultura contábil patrimonial e contribuir para o processo de convergência aos padrões internacionais de contabilidade. O referido marco normativo também contemplou as operações envolvendo as parcerias público-privadas.

Assim, no MCASP encontramos regras sintéticas para orientar a normatização das concessões, PPPs e demais contratos administrativos. De acordo com o MCASP, quanto aos dispositivos legais aplicáveis às concessões, vale ressaltar:

1. As PPPs são regidas pela Lei nº 11.079/2004, alterada pela Lei nº 12.766/2012. Dastaca-se que os arts. 14 a 22 da Lei nº 11.079/2004 estabelecem disposições aplicáveis exclusivamente à União.

2. Para as concessões administrativas aplica-se adicionalmente o disposto nos arts. 21, 23, 25 e 27 a 39 da Lei nº 8.987/1995, e no art. 31 da Lei nº 9.074/1995.
3. Para as concessões patrocinadas aplica-se subsidiariamente o disposto na Lei nº 8.987/1995, e nas leis que lhe são correlatas.
4. As concessões comuns continuam regidas pela Lei nº 8.987/1995, e pelas leis correlatas, não se lhes aplicando o disposto na Lei nº 11.079/2004.
5. Os demais contratos administrativos que não caracterizem concessão comum, patrocinada ou administrativa continuam regidos exclusivamente pela Lei nº 8.666/1993, e pelas leis correlatas.

Para o correto entendimento dos aspectos inerentes às parcerias público-privadas, o MCASP elenca a seguinte definição de termos correlatos que se apresentarão nos contratos dessa natureza com implicações econômicas, financeiras e patrimoniais e, em vista disso, do interesse da contabilidade:

1. Aporte de recursos: O aporte de recursos é um repasse em favor do parceiro privado na fase de investimentos do projeto e/ou após a disponibilização dos serviços para a realização de obras e aquisição de bens reversíveis. Quando o mesmo é realizado durante a fase dos investimentos a cargo do parceiro privado, ele deverá guardar proporcionalidade com as etapas efetivamente executadas.
2. Ativo da concessão: O ativo da concessão é um ativo necessário à prestação do serviço público objeto da concessão. Pode ser um ativo já existente no parceiro privado, um ativo construído, desenvolvido ou adquirido pelo parceiro privado, ou benfeitorias em um ativo já existente no parceiro público.
3. Contraprestação: A contraprestação é o valor da remuneração que o parceiro público paga ao parceiro privado, sempre precedida da disponibilização do serviço objeto do contrato de PPP (a contraprestação da administração pública poderá ser feita por meio de ordem bancária, cessão de créditos não tributários, outorga de direitos em face da administração pública, outorga de direitos sobre bens públicos dominicais ou outros meios admitidos em lei.
4. Parceiro público/concedente/contratante: O parceiro público é o titular do serviço público cuja execução é delegada ao parceiro privado, precedida ou não da execução de obra pública, por meio de contrato de concessão. O parceiro público pode ser órgão da administração pública direta, fundo especial, autarquia, fundação pública, empresa pública, sociedade de economia mista ou entidade controlada direta ou indiretamente pelo ente.
5. Parceiro privado/concessionário/contratado/operador: O parceiro privado é a entidade privada vencedora de processo licitatório que recebe a dele-

gação do serviço público por meio de contrato de concessão. A implantação e gestão do objeto da PPP é realizada por sociedade de propósito específico (SPE) constituída para esse fim.

6. Receitas adicionais/extraordinárias: São receitas não diretamente vinculadas ao objeto da concessão que poderão ser exploradas pelo parceiro privado, compartilhando os resultados líquidos de tal exploração com o parceiro público.

De acordo com Ernst & Young/Fipecafi (2010, p. 172), era possível assinalar os seguintes comentários relativos às normas contábeis internacionais (IFRS) antes da emissão de normas específicas para as PPPs, informando que eles não eram capazes de fornecer orientações específicas às concessionárias de serviços públicos (operadoras):

1. Como a concessionária deve registrar a infraestrutura de serviço público existente?
2. Como a concessionária deve contabilizar a infraestrutura de serviço público por ela adquirida ou construída?
3. Como a concessionária deve contabilizar a contraprestação por ela recebida segundo os termos do acordo, ou seja, caixa e equivalentes de caixa e outros itens sobre direitos sobre a infraestrutura?
4. Como a concessionária deve contabilizar as obrigações assumidas segundo os termos do contrato?

Martins e Andrade (2009) destacam a importância do controle externo dos entes federados, realizado pelos tribunais de contas, como forma de assegurar o *accountability* (responsabilidade de prestar contas). Nesse sentido, o advento de normas contábeis capazes de refletir claramente os principais eventos contábeis da entidade constitui-se em fator determinante para alcançar esse objetivo.

Os mesmos autores assinalam que o IPSASB assume não existir definição amplamente aceita para o termo parceria público-privada. Não obstante, essas normas caracterizam uma PPP como um acordo entre o poder público e o setor privado para que esse último opere um ativo público.

Diante dessas questões, conforme registram Paris et al. (2011), o comitê de interpretações das normas internacionais de contabilidade (*international financial reporting interpretations committee* – Ifric) emitiu a Ifric 12 para orientar a contabilização de contratos de concessão de serviços. A Ifric 12 foi publicada em novembro de 2006, entrando em vigor para os exercícios iniciados a partir de 1º de janeiro de 2008 na UE. Por sua vez, no Brasil, o processo de convergência com as normas internacionais emitidas pelo IASB teve seu início marcado por meio da promulgação da Lei nº 11.638, em 28 de dezembro de 2007.

Martins e Andrade (2009) registram que, no âmbito das normas internacionais de contabilidade, a Ifric 12 (*service concession arrangements*) é o normativo direcionado para contratos de concessões de serviços para o parceiro privado. A norma orienta os operadores dos serviços de concessão na contabilização dos contratos celebrados, estabelecendo princípios gerais sobre o reconhecimento e mensuração dos ativos e passivos das PPPs e, marginalmente, também dispõe sobre o reconhecimento de receitas e despesas decorrentes das partes dos contratos que envolvem a atividade de construção de infraestrutura e a parte que abrange a prestação de serviço.

No período de três anos subsequentes a essa promulgação, o CPC emitiu 44 pronunciamentos contábeis, 16 interpretações e cinco orientações. Dentre as interpretações, destacamos a ICPC 01, já que ela trata de contratos de concessão. Essa interpretação foi aprovada pela CVM por meio da deliberação nº 611/09 e também pelo CFC por meio da IT 08 – Resolução nº 1261/09. Ou seja, foram várias e abrangentes análises para chegar a uma configuração satisfatória do novo arranjo normativo.

A contabilização das receitas das parcerias público-privadas é um aspecto que deve ser tomado como base de orientação para a atuação do profissional de contabilidade. Para que se possa contabilizar as receitas dos contratos de concessão, é necessário que antes sejam definidas com precisão qual a sua natureza, bem como o melhor método de mensuração.

Quanto à natureza e magnitude das receitas e ao momento em que elas ocorrem, são aspectos que suscitam amplo exercício intelectual na teoria da contabilidade. Em regra, definições de receita estão associadas a alguns procedimentos contábeis específicos, e também a certos tipos de variação de valor e regras presumidas ou implícitas para determinar o instante no qual uma receita deve ser registrada. As receitas (assim como as despesas) são eventos de grande importância contábil, na medida em que afetam diretamente a demonstração de resultados do exercício, com caráter tipicamente econômico.

A contabilização das parcerias público-privadas

De acordo com o manual de contabilidade aplicada ao setor público (MCASP), a contabilização das PPP deve distinguir os passivos relativos ao ativo da concessão e os passivos relativos à prestação de serviços, tanto sob a ótica patrimonial quanto orçamentária. Não obstante, a forma de contabilização não impacta os aspectos fiscais, que são regulamentados por normativos próprios.

Os aspectos significativos relativos à PPP devem ser apresentados em notas explicativas. Como exemplo dessas situações, destacamos: a natureza e extensão dos direitos de uso dos ativos, os direitos de o parceiro privado explorar os serviços, o prazo de duração e as cláusulas de renovação do contrato e a existência de bens reversíveis.

Quanto ao aspecto relativo ao reconhecimento e mensuração de ativos da concessão, competirá ao parceiro público a capacidade de reconhecer um ativo da concessão quando, além dos requisitos para reconhecimento do ativo, estejam presentes os seguintes requisitos:

1. O parceiro público controla ou regula o serviço objeto da concessão.
2. O parceiro público detém o controle ou qualquer participação residual no ativo ao final do contrato ou o ativo é utilizado durante toda a sua vida econômica.

O quadro a seguir sintetiza o fluxograma para reconhecimento dos ativos da concessão:

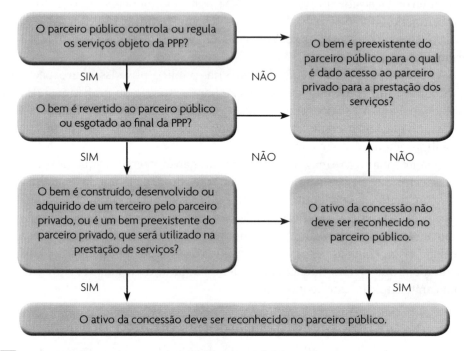

Figura 12.1 Fluxograma para reconhecimento de ativos das concessões
Fonte: Adaptado de MCASP.

Os critérios de reconhecimento do ativo, por sua vez, são a probabilidade que benefícios econômicos futuros ou o potencial de serviços dele provenientes fluirão para a entidade e a possibilidade de seu custo ou valor ser determinado em bases confiáveis.

Nas hipóteses que o ativo da concessão seja um bem já existente no parceiro privado, assim como um bem construído, desenvolvido ou adquirido pelo parceiro privado de um terceiro, ou ainda, um bem do parceiro público para o qual é dado acesso ao parceiro privado – em todos esses casos o referido bem deve ser utilizado na prestação de serviços objeto do contrato de PPP.

Destaca-se que, como medida de boa governança corporativa para que o custo ou valor do ativo da concessão seja determinado em bases confiáveis, o parceiro privado deve fornecer ao parceiro público relatórios consistentes sobre o progresso da construção ou desenvolvimento do ativo. Assim, o parceiro público reconhecerá um ativo e um passivo a esse associado.

Há também a recomendação de a mensuração inicial dos ativos da concessão ser feita a valor justo (*fair value*). O conceito de valor justo é bastante difundido na doutrina de finanças. Essa regra se aplica tanto aos ativos já existentes que tiveram aumento no potencial de serviços, quanto aos ativos construídos ou desenvolvidos em função do contrato de concessão. A mensuração a valor justo não constitui reavaliação.

Quanto à avaliação dos ativos, é interessante apresentar alguns conceitos doutrinários para fins de elucidação, até porque trata-se de uma questão controversa, que dá margem a múltiplas interpretações.

Damodaran (2002, p.9) sugere que, quando se avalia uma empresa (procedimento conhecido por *valuation*), as informações devem ser extraídas de três fontes: demonstrações financeiras, histórico e concorrentes. As demonstrações financeiras informam qual é, ou foi, a lucratividade da empresa, qual o reinvestimento e demais dados de *valuation*. O histórico permite verificar o grau de ciclicalidade das operações, seu crescimento e risco. E os concorrentes situam a empresa em um *ranking* em seu mercado.

De modo geral, adota-se uma metodologia consagrada, aceita pela contabilidade brasileira como critério de avaliação. Trata-se do método do fluxo de caixa descontado, no qual o valor de uma empresa é função dos benefícios econômicos esperados de caixa, do risco associado a esses resultados previstos e do retorno requerido pelos proprietários de capital.

As expectativas inseridas na avaliação podem alterar-se com o tempo e em função das oscilações conjunturais. Por trabalhar com valores esperados, algumas análises de sensibilidades devem ser incorporadas nos cálculos, tornando os resultados mais representativos do efetivo valor da empresa.

Na avaliação econômica de investimentos, o método de fluxo de caixa descontado é o que representa maior rigor técnico e conceitual para expressar o valor econômico. Uma empresa é avaliada por sua riqueza econômica expressa a valor presente, dimensionada pelos benefícios de caixa esperados no futuro e descontados por uma taxa de atratividade que reflete o custo de oportunidade dos vários provedores de capital. A avaliação do investimento é processada com base nos fluxos de caixa de natureza operacional. O risco é incorporado na avaliação econômica de investimento, respeitadas as preferências do investidor. A avaliação identifica o valor presente do ativo com base na taxa de desconto apropriada a remunerar o capital.

Nesse diapasão, a norma contábil brasileira registra que o valor justo dos ativos da concessão inclui apenas valores referentes aos investimentos, excluindo-se os montantes de outros componentes, como a operação e a manutenção. Destaca-se que a forma como o concessionário é remunerado afeta a maneira como se determina o valor justo. Nos contratos que envolvem a prestação de serviços com a execução de obras públicas, observam-se dois elementos compondo a remuneração do concessionário. O primeiro refere-se à cobertura dos investimentos feitos, abrangendo a realização de obras e a aquisição de equipamentos para a disponibilização dos serviços objeto da parceria. O segundo elemento diz respeito à execução dos serviços, destinando-se ao custeio da operação e manutenção do projeto.

Além disso, a inovação criada com o advento da Lei nº 12.766/2012, representada pela figura do aporte de recursos, trouxe novas singularidades para o processo de avaliação. O aporte de recursos poderá ocorrer na fase de investimentos do projeto e/ou após a disponibilização dos serviços. Nesses casos, o aporte justifica a incorporação do ativo no patrimônio do parceiro público e serve de base para a sua mensuração. Contudo, nem sempre o valor dos aportes será exatamente o valor dos ativos, pois, nesse caso, haverá alguma parcela das contraprestações se referindo à incorporação do ativo.

Há que se ressaltar que, caso o parceiro público reconheça um passivo a ser pago futuramente, referente ao valor do ativo da concessão, tal fato deverá ser contabilizado a valor presente. Sendo possível a identificação do valor justo do ativo, ele deverá ser comparado com o valor presente do passivo correspondente, devendo o ativo ser contabilizado pelo menor valor.

Já para o reconhecimento e mensuração de passivos da concessão, a norma contábil brasileira prevê que o parceiro público deve reconhecer um passivo da concessão quando os requisitos para reconhecimento do passivo estiverem presentes. Por sua vez, esses requisitos de admissibilidade para o reconhecimento dos passivos são representados pela probabilidade que uma saída de recursos envolvendo benefícios econômicos seja exigida para extinção de uma obrigação presente e também a possibilidade de o valor pelo qual essa liquidação se dará possa ser determinado em bases confiáveis.

Nas parcerias público-privadas as contraprestações abrangem a remuneração do parceiro privado pela prestação dos serviços e a aquisição do ativo da concessão quando tal situação for aplicável. O passivo referente à remuneração pelos serviços é registrado quando da ocorrência do fato gerador. Por sua vez, o passivo referente à aquisição do ativo é registrado quando de sua incorporação.

Como forma de potencializar a operação dos ativos sob concessão, o parceiro privado poderá, desde que estabelecido em contrato, explorar receitas adicionais. De acordo com a concepção do modelo contratual, essas receitas podem ser compartilhadas entre o parceiro público, o parceiro privado e os usuários do serviço. Se o compartilhamento ocorrer apenas entre o parceiro privado e os usuários, os valores devem ser revertidos em redução da tarifa. Porém, se o compartilhamento ocorrer entre o parceiro público e o parceiro privado, uma parte das contraprestações poderá ser reduzida. Assim, uma receita será reconhecida e um passivo reduzido ou até extinto.

Em se tratando de contabilidade pública, é preciso também estar atento aos aspectos orçamentários envolvidos. Verifica-se que as classificações orçamentárias relacionadas às PPPs guardam relação com a finalidade da despesa. Dessa forma, é possível fazer as seguintes distinções orçamentárias:

1. Os aportes de recursos destinados a obras e aquisição de bens reversíveis.
2. As parcelas das contraprestações referentes às despesas com remuneração do parceiro privado pela prestação dos serviços.
3. As parcelas das contraprestações referentes às despesas com prestação de serviços direta ou indiretamente à administração pública.
4. As parcelas das contraprestações referentes às despesas decorrentes da incorporação de bens de capital.

Entrementes, com o objetivo de facilitar o controle e a identificação das despesas decorrentes das parcerias público-privadas, foi criada no plano de contas uma modalidade de aplicação específica denominada 67 – Execução de contratos de parceria público-privada. Dessa forma, os aportes de recursos destinados a obras e aquisição de bens reversíveis devem ser classificados orçamentariamente como despesas de capital com aporte de recursos pelo parceiro público em favor do parceiro privado decorrente de contrato de PPP (classificação no plano de contas 4.5.67.82).

Por sua vez, as parcelas das contraprestações referentes à remuneração do parceiro privado pela prestação dos serviços em concessões patrocinadas são, na essência, ajuda financeira. Assim, elas devem ser classificadas orçamentariamente como despesas correntes com subvenções econômicas (classificação no plano de contas 3.3.67.45).

Já as parcelas das contraprestações referentes à remuneração do parceiro privado pela prestação dos serviços em concessões administrativas são devidas em razão dos serviços prestados diretamente ou indiretamente ao parceiro público. Dessa forma, elas devem ser classificadas orçamentariamente como despesas correntes procedentes de contrato de PPP, exceto subvenções econômicas, aporte e fundo garantidor (classificação no plano de contas 3.3.67.83).

Por fim, no caso das parcelas das contraprestações referentes às despesas decorrentes da incorporação de bens de capital, elas devem ser classificadas orçamentariamente como despesas de capital decorrentes de contrato de PPP, exceto subvenções econômicas, aporte e fundo garantidor (classificação no plano de contas 4.5.67.83).

Como forma de viabilizar a tomada de decisão em investimentos de longo prazo, como nos casos de PPPs, a Lei nº 11.079/2004 determina que os contratos de PPP devem prever a repartição de riscos entre as partes. O parceiro público deve reconhecer uma provisão para riscos quando for provável a saída de recursos e quando for possível obter uma estimativa confiável do valor. A provisão deve ser uma conta patrimonial de provisão para riscos decorrentes de contratos de PPP. Caso o risco efetivamente se concretize, o parceiro público deverá reconhecer a respectiva obrigação a pagar e a provisão deverá ser baixada. Na hipótese de não ser mais provável a saída de recursos relativos ao risco, a provisão deve ser revertida.

Como instrumento adicional de mitigação de riscos, a Lei nº 11.079/2004 dispõe também sobre a prestação de garantia pelo parceiro público, dentre as quais, destacam-se: vinculação de receitas, instituição ou utilização de fundos especiais previstos em lei, contratação de seguro-garantia com as companhias seguradoras que não sejam controladas pelo poder público, garantia prestada por organismos internacionais ou instituições financeiras que não sejam controladas pelo poder público e garantias prestadas por fundo garantidor ou empresa estatal criada para essa finalidade; e outros mecanismos admitidos em lei.

A União Federal instituiu o fundo garantidor das parcerias público-privadas (FGP), administrado pelo Banco do Brasil S.A., que tem por finalidade prestar garantias de pagamento de obrigações pecuniárias, que forem assumidas pelos parceiros públicos federais em razão da contratação de PPP. Os estados, Distrito Federal e municípios também poderão instituir ou utilizar fundos especiais para a prestação de garantias, conforme previsão legal.

Assim, o FGP será estabelecido em âmbito de cada membro da federação por meio de aporte de bens ou direitos. Quando o aporte ocorrer por recursos financeiros, deverá ser classificado orçamentariamente como despesas decorrentes da participação em fundos, organismos, ou entidades assemelhadas, nacionais e internacionais, incluindo as decorrentes de integralização de cotas (classificação no plano de contas 4.5.90.84). Não obstante, se por ventura o aporte ocorrer por outros meios, não haverá classificação orçamentária, uma vez que não haverá execução orçamentária. Já os registros contábeis referentes à contabilização de garantias e contragarantias, serão realizados em contas de controle de atos potenciais.

Em regra, a assimilação dos princípios contidos na Ifric-12 e na Ipsas32 conseguiu incorporar os fundamentos de reconhecimento dos aspectos significativos das modalidades de parcerias público-privadas.

Nesse sentido, os fatos contábeis relevantes para a caracterização dos eventos operacionais das diversas modalidades de parcerias público-privadas estão plenamente enunciados na norma brasileira relativa ao tema em questão: o manual de contabilidade aplicada ao setor público (MCASP).

De modo geral, o processo de assimilação dos princípios de contabilidade relativos às normas internacionais, em especial a Ifric-12 e a Ipsas32, consubstanciados sobretudo no MCASP, são capazes de oferecer os requisitos de transparência esperados pela boa governança corporativa, o que confirma a suposição inicial.

Referências bibliográficas

ALEXANDRINO, Marcelo; PAULO, Vicente. *Direito administrativo*. Rio de Janeiro: Impetus, 2002.

BARBOSA, Tomaz Andres; MOTTA, Luiz Felipe Jacques. Custo de capital próprio em mercados emergentes: CAPMxD-CAPM. *Revista Eletrônica de Gestão Organizacional*, Recife, v. 2, n. 3, set./dez. 2004. Disponível em: <https://periodicos.ufpe.br/revistas/gestaoorg/article/view/21479>. Acesso em: 31 jul. 2017.

BODIE, Zvi; KANE, Alex; MARCUS, Alan J. *Fundamentos de investimentos*. Tradução Robert Brian Taylor. 3. ed. Porto Alegre: Bookman, 2000.

BONOMI, Cláudio Augusto; MALVESSI, Oscar. *Project finance no Brasil*: fundamentos e estudos de casos. São Paulo: Atlas, 2002.

BORGES, Luiz Ferreira Xavier; NEVES, Cesar das. Parceria público-privada: riscos e mitigação de riscos em operações estruturadas de infraestrutura. *Revista do BNDES*, Rio de janeiro, v. 12, n. 23, p. 73-118, jun. 2005.

BRASIL. Departamento Nacional de Estradas de Rodagem. Diretoria de Desenvolvimento Tecnológico. Divisão de Capacitação Tecnológica. *Diretrizes básicas para elaboração de estudos e projetos rodoviários (escopos básicos/instruções de serviço)*. Rio de Janeiro, 1999.

_____. *Manual de contabilidade aplicada ao setor público*. 6. ed. Portaria Conjunta STN/SOF n. 1, de 10 de dezembro de 2014, Portaria STN n. 700, de 10 de dezembro de 2014.

PMI PROJECT MANAGEMENT INSTITUTE. *Um guia do conhecimento em gerenciamento de projetos (Guia PMBOK)*. São Paulo: Saraiva, 2012.

BREALEY, Richard; MYERS, Stewart; ALLEN, Franklin. *Principles of corporate finance*. Columbus: McGraw Hill, 2003.

BRUNER, Robert et al. Best practices in estimating the cost of capital: survey and synthesis. *Journal of Financial Practice and Education* 8, n. 1, p. 13-28, summer-winter 1998. Disponível em: <http://www.hbs.edu/faculty/Pages/item.aspx?num=50378>. Acesso em: 31 jul. 2017.

CAMACHO, Fernando Tavares. Custo de capital de indústrias reguladas no Brasil. *Revista do BNDES*, Rio de Janeiro, v. 11, n. 21, p.139–164, jun. 2004.

CAMACHO, Fernando Tavares; ROCHA, Katia Maria Carlos; BRAGANÇA, Gabriel Godofredo Fiuza de. Custo de capital de distribuição de energia elétrica: revisão tarifária 2007-2009. *Revista do BNDES*, Rio de Janeiro, v. 13, n. 25, p. 231-267, jun. 2006.

CASTELLO BRANCO, José Eduardo S.; LO FIEGO, Sandra Vigné; ALVES, Márcio F. C. F. Manual de parcerias público-privadas – PPPs. Rio de Janeiro: Conselho Gestor do Programa Estadual de Parcerias Público-Privadas, abr. 2008.

CASTRO, Luiz Humberto de. *Sociedade de propósito específico*. Brasília: Sebrae, 2009.

COPELAND, Tom; KOLLER, Tim; MURRIN, Jack. *Valuation*: measuring and managing the value of companies. New York: John Wiley & Sons, 1994.

COUTINHO, Paulo C. *Metodologia e cálculo do custo de capital de concessionárias de distribuição de energia elétrica no Brasil*. Brasília: Aneel, 2002.

CRISE FINANCEIRA nos estados trava parcerias público-privadas. *Folha de São Paulo*. Caderno Mercado, São Paulo, 11 dez. 2016.

DAMODARAN, Aswath. *Corporate finance*: theory and practice. New York: Wiley, 1997.

_____. *A face oculta da avaliação*: avaliação de empresas da velha tecnologia, da nova tecnologia e da nova economia. São Paulo: Makron Books, 2002a.

_____. *Investment valuation*: tools and techniques for determining the value of any assets. New York: Wiley, 2002b.

_____. *Avaliação de empresas*. 2. ed. São Paulo: Pearson Prentice Hall, 2007.

_____. *Equity risk premiums* (ERP): determinants, estimation and implications – The 2012 Edition. New York: Stern School of Business, March 2012.

_____. *Introdução à avaliação de investimentos: ferramentas e técnicas para a determinação do valor de qualquer ativo*. Rio de Janeiro: Qualitymark, 2009.

ERB, Claude B.; HARVEY, Campbell R.; VISKANTA, Tadas E. Country risk and global equity selection. *The Journal of Portfolio Management*, v. 21, n. 2, p. 74-83, winter 1995.

ERNST & YOUNG/FIPECAFI. *Manual de normas internacionais de contabilidade:* IFRS *versus* normas brasileiras. 2. ed. São Paulo: Atlas, 2010.

FINNERTY, Jonh D. *Project finance*: engenharia financeira baseada em ativos. Rio de Janeiro: Qualitymark, 1998.

FORTUNA, Eduardo. *Mercado financeiro: produtos e serviços*. 16. ed. Rio de Janeiro: Qualimark, 2005.

GASPARINI, Diógenes. *Direito administrativo*. São Paulo: Saraiva, 2003.

GIAMBIAGI, Fábio; ALÉM, Ana Cláudia. *Finanças Públicas: teoria e prática no Brasil*. Rio de Janeiro: Campus, 2008.

GREMAUD, Amaury Patrick; VASCONCELLOS, Marco Antonio Sandoval; TONETO JÚNIOR, Rudinei. *Economia brasileira contemporânea*. São Paulo: Atlas, 2002.

KAYO, Eduardo Kazuo. *A estrutura de capital e o risco das empresas tangível e intangível – intensivas: uma contribuição ao estudo da valoração de empresas*. 2012. Tese (Doutorado em Administração) – FEA/USP, São Paulo, 2002.

KUPFER, David; HASENCLEVER, Lia. *Economia industrial*: fundamentos teóricos e práticas no Brasil. Rio de Janeiro: Campus, 2002.

MARINELLA, Fernanda. *Direito administrativo*. Salvador: Podivm, 2007.

MARTELANC, Roy et al. *Avaliação de empresas: um guia para fusões & aquisições e gestão do valor*. São Paulo: Financial Times; Prentice Hall, 2005.

MARTINS, Vinícius Aversari; ANDRADE, Maria Elisabeth Moreira Carvalho. A regulação contábil dos contratos de parcerias público-privada – PPP, como instrumento de transparência das entidades públicas e privadas. *Revista Controle*, v. 7, n. 1, p. 235–255, abr. 2009.

MELLO, Celso Antônio Bandeira. Privatização e serviços públicos. *Revista Trimestral de Direito Público*, São Paulo, n. 22, p. 172-180. São Paulo: Malheiros, 1998.

_____. *Curso de direito administrativo*. 27. ed. São Paulo: Malheiros, 2010.

PARIS, Patrícia Krauss Serrano et al. Efeitos esperados da adoção da Ifric 12 e Icpc 01: estudo comparativo entre Brasil e Europa. In: Congresso 5., ANPCONT, 20 a 22 jun. 2011, Vitória, ES. *Anais* ... Vitória: ANPCONT, 2011

PEREIRO, Luis E. The valuation of closely-held companies in Latin America. *Emerging Markets Review*, v. 2, n. 4, p. 330-370, dez. 2002. p. 7 (tradução livre)

PORTO, Adriana Cabral da Silva. *Manual Uqbar de securitização*: um glossário de termos. Rio de Janeiro: Uqbar Educação, 2006.

PÓVOA, Alexandre. *Valuation: como precificar ações*. Rio de Janeiro: Elsevier, 2012.

RODRIGUES, A. V.; SOUSA, A. F. Custo de capital próprio em empresas com autofinanciamento positivo. In: SEMEAD: SEMINÁRIOS DE ADMINISTRAÇÃO DA FEA/USP, 4., São Paulo, 1999. Anais..., São Paulo: FEA/USP, 1999.

ROSS, Stephen A, et al. *Administração financeira*. São Paulo: Atlas, 1995.

SANVICENTE, Antônio Zoratto. Problemas de estimação de custo de capital de empresas concessionárias no Brasil: uma aplicação à regulamentação de concessões rodoviárias. *Revista de Administração*, São Paulo, v. 47, n.1, p. 81-95, jan./fev./mar. 2012.

SECURATO, José Roberto; SECURATO, José Cláudio. *Mercado Financeiro*: conceitos, cálculo e análise de investimentos. São Paulo: Saint Paul Editora, 2007.

SOARES, Laura Letsch; ROSALINO, Iloneis. As sociedades de propósito específico como um novo modelo organizacional: a possibilidade da conjugação de recursos públicos e privados. In: 18º CONGRESSO BRASILEIRO DE CONTABILIDADE-CFC, 18., Gramado, RS, 2008. *Anais* ... Gramado: CFC, 2008.

TEIXEIRA, Nilson. O mercado de capitais brasileiro à luz de seus avanços e desafios. In: BACHA, Edmar Lisboa; OLIVEIRA FILHO, Luiz Chrysostomo [Orgs.]. *Mercado de capitais e crescimento econômico: lições internacionais, desafios brasileiros*. Rio de Janeiro: Contra Capa Livraria; Anbid, 2005.

TOMAZONI, T.; MENEZES, E. A. Estimativa do custo de capital em empresas brasileiras de capital fechado (sem comparáveis de capital aberto). *Revista de Administração da USP*, São Paulo, v. 37, n. 34, p. 38-48, out./dez. 2002.

VASCONCELOS, Adalberto Santos de. *O equilíbrio econômico-financeiro nas concessões de rodovias federais no Brasil*. 2004. Monografia (Pós-graduação em controle externo) – Instituto Serzedello Corrêa, Brasília, 2004.